실패하지 않는 동네 식당 만들기

실패하지 않는 동네 식당 만들기

매출 대박 가게를 만드는 비법

우노 다카시 지음
박종성 옮김

비즈니스랩

들어가며

   단 한 번뿐인 인생, 내가 세운 왕국의 주인으로 살아보기! 누구나 한 번쯤은 생각해보지 않았을까. 대기업 사장이 되는 것? 이건 불가능할지 몰라도 작은 가게의 주인이 되는 것이라면 가능하다. 누구라도 가게 주인이 되어 즐겁게 손님을 맞이하며 평생을 보낼 수 있다.

   오래도록 즐거운 마음으로 사업을 하려면 손님이 자주 찾는 가게가 되어야만 한다. 이는 전혀 어려운 일이 아니다. 나 역시도 누구나 할 수 있는 간단한 일만 하면서도 거의 50년 동안이나 별 탈 없이 가게를 운영해왔으니 말이다.

   아주 조금만 신경 써도 손님을 불러 모을 수 있다.

   내가 제일 처음 운영한 가게는 커피숍이었는데, 당시에는 업소용 얼음이 비쌀 때라 손님이 시원한 물을 달라고 하면 어떻게든 생색을 냈다. 손님에게 "얼음 넣을까요?"라고 물은 뒤 "네."라는 대답이 돌아오면 그때야 얼음을 넣었다. 이왕이면 '이 가게에서 주는 물에는 얼음이 들어있다'는 사실을 손님에게 각인시키고 싶었던 거다. 별 것 아닐 수도 있지만 이렇게 말로 명확하게 표현하면 '저 가게는 항상 얼음을 넣은 시원한 물을 주니 참 좋네.'라는 호감을 느껴서 결국 단골손님이 될지도 모르니까 말이다.

다섯 평 남짓한 이자카야를 처음 열었을 때는 혼자서 모든 걸 해야 했기 때문에 어떻게 해야 간단하면서도 효율적으로 가게를 운영할 수 있을지 고민했다. 그래서 생각해 낸 것이 미리 구입해 둔 요리를 가게 문을 열기 전에 접시 몇 개에 올려놓는 '대접요리(大皿料理)'였다.

내가 아는 조리법이라고 해봐야 전자레인지에 넣고 돌리는 것밖에는 없었다. 주문을 받으면 접시에 있는 요리를 데웠다. 당시는 음식점에서 전자레인지를 사용한다는 게 부끄러운 일로 여겨졌지만, 공간이 워낙 협소했던 탓에 어쩔 수 없이 손님 눈에 띄는 곳에 설치해야 했다. 이왕 이렇게 된 김에 재밌게 해보자는 생각에 전자레인지를 '요리샤'로 부르기로 했다. 손님이 접시에 놓인 요리를 주문하면 "요리사에게 부탁할까요? 아니면 주방장에게 부탁할까요?"라고 물었고, 손님이 "네? 음, 주방장에게 부탁해주세요."라고 대답하면 "주방장(ㄴ)이 지금 바쁘니 요리사에게 부탁하면 어떨까요?"라고 되물었다. 이런 식으로 손님과 대화의 물꼬를 텄는데, 그 과정에서 참 재밌는 가게라는 인상을 갖게 되면 다시 방문할 가능성이 높아질 것이라 생각했다.

도쿄 시부야에 처음 문을 연 가게는 건물주가 '진짜 여기에 가게를 낼 거냐'고 물을 정도로 인적이 매우 드문 지역에 있었다. 아니나 다를까, 계약한 지 얼마 되지 않아 가게가 위치한 건물에서 총기사고가 발생했다. 문을 열기 직전까지 가게 바로 앞에 폴리스라인이 설치됐다. 나는 낙담하기보다는 오히려 '그렇다면, 오늘의 추천 메뉴는 '팔보채'로 하자!'고 마음먹고 손님들에게 음식을 대접했다[*]. 팔보채는 가게에

● 총 쏘는 것을 의미하는 '발포(發砲)'와 팔보채의 '팔보(八宝)'의 일본어 발음이 같다는 점을 이용한 언어유희: 옮긴이 주

있는 야채만 가지고도 바로 만들 수 있는 요리이기도 했다. 손님들에게 그날 있었던 '엄청난' 일에 대해 말을 건네며 좀 더 친근하게 다가갈 수도 있었다.

당시 원가가 저렴한 닭고기를 적극 사용했었는데, 손님이 닭날개 튀김을 주문하면 "오른쪽 날개로 해드릴까요? 아니면 왼쪽 날개로 해드릴까요?"라고 물었다. 분위기를 유쾌하게 만드는 건 이 한마디만으로도 충분했다.

가게에서 취급하는 요리는 그야말로 간단한 것들이었다. 예를 들어, 오래전부터 손님들에게 꾸준히 사랑받고 있는 메뉴 중 하나는 명란 김치우동이다. 요리에 그다지 소질이 없어도 쉽게 만들 수 있는 단순한 메뉴지만 술 취한 상태에서 온 손님들 사이에서는 엄청난 별미로 통한다.

팔보채, 닭날개 튀김, 명란 김치우동 모두 특별한 기술이나 노력 없이도 만들 수 있는 음식이다. 중요한 것은 손님들과 좋은 관계를 형성하고 가게에 머무는 동안 즐겁게 시간을 보낼 수 있는 요리를 대접하다 보면 단골손님이 생기는 것은 금방이다. 그리고 이렇게 형성된 팬들이 장사를 오랜 기간 지속할 수 있도록 지지해준다.

들어가며

　나는 천성이 게으르고 '노력'이라는 단어와는 어울리지 않는 사람이라서 항상 어떻게 하면 즐기면서 목표를 달성할 수 있을지 고민하곤 한다.
　노력한다는 건 자신의 키보다 훨씬 높은 곳에 있는 무엇인가를 손에 넣으려고 팔을 뻗어 안간힘을 쓰는 것과 같다. 하지만 너무 높은 곳에 있는 것을 잡으려고 까치발을 하다 보면 금세 피곤해져서 오래 서 있을 수 없다. 반면, 발을 땅에 완전히 디딘 상태에서 막대기로 건드릴 수 있을 정도의 높이에 있는 목표라면 무리하지 않고 쉽게 손에 넣을 수 있다. 물론 이때도 팔을 계속 들고 있다 보면 피로가 쌓이는 것은 마찬가지다. 나는 지금까지 무리해서 팔을 뻗지 않았기 때문에 수십 년 동안 피로함을 느끼지 않고 즐기는 마음으로 사업을 영위해올 수 있었던 것 같다.
　어릴 적부터 몸집이 작았던 나는 키순서대로 서면 항상 맨 앞자리였다. 학교에서 운동경기를 할 때 반의 대표가 되는 일은 결코 없었다. 씨름을 하면 늘 지기 일쑤였다. 키가 큰 배구부 주장은 가만히 있어도 여자애들한테 꽤 인기가 있었지만, 나는 늘 '인기남이 되려면 어떻게 해야 할까?'하고 고민했다.

　오랜 세월 이자카야를 운영해오면서 요리사 자격증은 물론이요 다른 그 어떤 자격증도 따본 일이 없다. 그래서 나는 체격이 작은 내가 여자애들에게 인기를 얻으려면 어떻게 해야 할지, 나보다 덩치가 큰 녀석들을 '이길 수 있는 방법'은 무엇일지 고민했던 것처럼 자격증이 없어도 쉽게 만들 수 있는 요리는 무엇인지, 손님을 우리 가게의 팬이 되게 하려면 어떻게 해야 할지 끊임없이 고민했다.

　지금 와서 생각해보면 '애를 쓰지 않는다'라는 말은 내가 살아온 인생을 단적으로 보여주는 표현인 것 같다. 지금까지 살면서 애를 써본 일이라고는 사춘기 때 키가 조금이라도 더 컸으면 하는 바람으로 매일 괴상하게 생긴 운동기구에 매달리고 칼슘 영양제를 입에 털어 넣은 것 정도다. 하지만 별 성과는 없었고, 이로 인해 노력이라는 말 자체를 그다지 신뢰하지 않게 되었다.

　스스로에게 별다른 부담을 주지 않으면서 얼마만큼 즐겁게 일할 수 있는가. 바로 이것이 장사하는 사람이 갖춰야 할 기본 중의 기본이다. 부담 없이 즐겁게 일할 수 있다면 지치

들어가며

거나 포기하지 않고 오랜 기간 가게를 운영할 수 있고, 그만큼 즐거운 인생을 살아갈 수 있다.

라쿠 코퍼레이션 사장
우노 다카시

차례

들어가며   5

제1장 소규모 창업의 정석
- 세상 모든 가게는 대박의 씨앗을 품고 있다!

- 언제나 따뜻한 사랑이 넘치는 작은 식당   18
- 손님이 진짜 원하는 건 공들여 만든 요리가 아니다   24
- 무엇에 '애정'을 쏟고 있는지 분명히 표현해야 직원들도 동기부여가 된다   32
- 개인이 운영하는 작은 가게는 절대 망하면 안 된다   36
- 가까운 곳에서 느낀 감동은 피가 되고 살이 된다   42
- '개성 있다'는 말을 오해하면 안 된다   47
- 쪽박 가게를 대박 가게로 만드는 아주 작은 아이디어   51
- 서투름도 강력한 무기가 될 수 있다   57
- 당연히 해야 할 일을 꾸준히 실천하다 보면 반드시 성공하게 되어있다   62

- 골프와 사업의 공통점　　　　　　　　　　　　70
- 역세권만 잘 된다고?　　　　　　　　　　　　77
- 가게 도면을 주인이 직접 챙겨야 하는 이유　　81
- 리모델링으로 근본까지 뜯어고칠 수는 없다　　88
- 지방 음식점이 간과하기 쉬운 그 지역 고유의 매력　94
- 음식은 전 세계 어디서나 통한다!　　　　　　100

제2장 손님을 미소 짓게 하는 가게
- 손님맞이 능력을 200% 키운다

- 경영지표보다 손님의 웃는 얼굴이 중요하다　　106
- 탄탄한 기본기가 성공을 부른다　　　　　　　111
- '어떤 메뉴로 하시겠습니까?'는
  손님들에게 해서는 안 되는 말　　　　　　　116
- 손님의 마음을 사로잡는 아이디어는
  누구든 낼 수 있다　　　　　　　　　　　　　122
- 가게의 매력을 한껏 뽐낼 '무대'를 설계하라　　129
- '이름표'가 이어주는 사람과 사람의 관계　　　133
- 우리말이 서투른 외국인 직원만의 '접객 능력'　139

- 손님 없는 시간을 전략적으로 활용하라　146
- 이자카야에서 메뉴를 '업그레이드'한다는 것의 의미　150
- 여성 손님을 잡아라　156
- 송년회 같은 이벤트에 신경 쓰지 말고
  평소에 최선을 다하라　159

제3장 누구에게나 장사 소질은 있다
- 생산성을 끌어올리는 인재육성 방법

- 인재를 끌어들이는 가게의 비결　166
- '헝그리 정신'의 힘　172
- 아무것도 할 줄 모르는 아이가 가진 잠재력　178
- 신입직원과 일하면서 배우게 되는 것　184
- 가르치려고 하기 전에 자기 자신부터 성장하라　189
- 지금 당장 할 수 있는 것부터 실천하자　195
- 아르바이트생도 참석 가능한
  점장 회의를 통해 알 수 있는 것　199
- 아르바이트생에게 필요한 '경영자 마인드'　203
- 한 편의 '성공 드라마'가 직원들을 성장시킨다　207
- '라이벌'이 없으면 성장도 없다　212

제4장 사업 성공의 실마리는 늘 근처에 있다
- 잘 팔리는 메뉴를 만드는 방법

- 음식을 만들고 대접하는 시나리오 전체를
  머릿속에 그려라 218
- 작은 가게가 대기업과 싸워 이기려면 227
- 파는 것은 마음먹기에 달렸다 233
- 아이디어가 있으면 반드시
  하나하나 실행해보아야 한다 237
- 늘 그 자리에 있는 정겨운 '동네 가게'로 자리매김하라 245
- 어머니가 나에게 가르쳐주신 것 248
- 버려지던 것도 인기상품으로 둔갑할 수 있다 254
- 요리 잡지와 웹사이트는 최고의 '교과서'다 263
- 유행은 지나가는 바람일 뿐 269
- 가격 책정만 잘해도 얼마든지
  손님의 마음을 사로잡을 수 있다 276
- 소비세율 인상보다 두려운 건 손님의 실망한 얼굴이다 282

나가며 언제까지나 즐겁게 장사할 수 있기를 288

제1장

소규모 창업의 정석

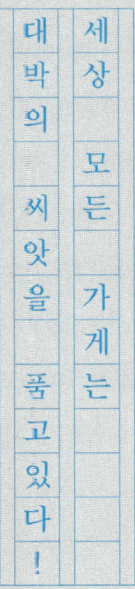

세상 모든 가게는 대박의 씨앗을 품고 있다!

언제나 따뜻한 사랑이
넘치는 작은 식당

    내가 요식업계에 몸 담은지도 벌써 거의 50년이다. 첫 가게는 커피숍이었는데, 실제 꽤 짭짤한 매출을 내기 시작한 것은 이자카야를 운영하면서부터다. 무려 반세기를 지나오는 동안 세상은 정말이지 무척 많이 달라졌다. 하지만 내가 장사하는 방식만큼은 예나 지금이나 변함없이 그대로다.

    작은 식당의 주인 내외가 미소를 가득 머금고 카운터 안쪽에 서서 "어서 오세요!"라고 외치는데, 어떤 손님이 사랑하지 않을 수 있을까? 나는 이를 시대를 막론한 불변의 진리라고 믿는다.

최근의 음식점들은 브랜드를 가지고 프랜차이즈화하여 주식시장에 상장해서 수백억 엔, 수천억 엔씩 벌어들이기도 한다. 우리 가게 또한 젊은 직원들의 독립을 목적으로 하는 이른바 '학교' 역할을 하기도 해서 직원들이 '점주(점장)'로서 경험을 쌓을 수 있도록 점포 수를 어느 정도 늘려오기는 했다. 다만 몸집을 무지막지하게 불리고 싶은 생각도 없거니와 그것은 내 능력을 벗어나는 일이기도 해서 어떤 외식기업이 대기업으로 변모했다는 이야기가 들리면 그저 대단하다고만 생각할 뿐이다.

한 가지 분명히 알아둬야 할 것은 지금까지와는 달리 앞으로는 인구가 점점 줄어들 것이고 외식업계의 상황도 틀림없이 어려워지리라는 사실이다. 한번 생각해보자. 사전에 짜놓은 시나리오대로 손님을 맞이하는 대형 프랜차이즈 음식점과 '어제 그렇게 마셔 놓고 오늘 또 마셔요?'라면서 걱정해주는 주인아주머니가 있는 자그마한 음식점 중에서 어느 쪽을 사람들이 선호할지를 말이다. 나는 당연히 후자라고 생각한다. 인구가 줄어들면 대형 음식점은 그저 휑한 느낌만 들 뿐 손님들끼리 악자지껄 떠들며 흥청거리는 분위기는 만들어지기 어려울 것이다.

지금보다 기술이 더욱 발전하면 패스트푸드 매장 같은 곳은 아예 직원 한 명 없이 완전히 무인으로 운영될 가능성도 있다. 그렇게 되면 사람의 온정을 느낄 수 있는 가게는 지금보다 더 소중해질 것이다. '자체 제작' 메뉴야 프랜차이즈 음식점에서도 볼 수 있겠지만, "이거 내가 직접 만든 미소즈케*야. 어찌나 맛있는지, 한 번 잡숴봐."라며 내미는 주인의 따뜻함은 작은 음식점이 아니고는 절대로 경험할 수 없다. 이메일보다 손으로 직접 쓴 편지를 받았을 때 훨씬 더 큰 감동이 밀려오는 것처럼 말이다.

따라서 나는 시대가 변할수록 '개인이 운영하는 소규모 음식점'의 진가가 더욱 빛날 것이라고 믿는다.

엄청난 수의 지점을 한꺼번에 관리해야 하는 대기업은 아

● 味噌漬け. 야채 · 고기 · 생선 등을 된장에 담근 것을 의미하며 '된장 절임'이라고도 함: 옮긴이 주

무래도 업무 프로세스를 단순하게 만들 수밖에 없다. 반면에 소규모 음식점은 규모가 작은 만큼 주인이 사소한 것 하나하나에도 정성을 기울일 수 있다. 손님의 얼굴과 이름을 기억해뒀다가 "사토(佐藤) 선생님, 또 오셨네요. 어서 들어오세요."라면서 반갑게 맞이해줄 수 있다. 여러 종류의 면을 준비해뒀다가 "밥 한 공기 드릴까요? 아니면 소바나 우동, 파스타도 해드릴 수 있어요!"라고 하면서 손님이 원하는 걸 바로 만들어줄 수도 있다.

이렇게 마음을 담아서 손님을 맞이할 수 있다는 게 소규모 음식점의 가장 큰 장점이지만, 그렇다고 해서 손님들의 입맛에 모두 맞춘 많은 메뉴를 준비해 둘 필요는 없다. 진짜 맛있는 메뉴 두세 가지만 내놓을 수 있으면 그걸로 충분하다.

한 요리 전문가가 '맛깔스러운 메뉴가 네 가지 정도만 있어도 손님이 알아서 찾아온다.'라고 이야기하는 걸 듣고, '프로의 세계에 있는 사람들도 생각이 비슷하구나.' 하고 놀랐던 경험이 있다. 음식점을 운영하다 보면 메뉴를 이것저것 늘려나가기 쉬운데, 종류가 늘어날수록 맛과 품질을 유지하기란 어려워질 수밖에 없다. 그렇지만 메뉴가 세 가지밖에 되지 않으면 요리 전문가가 아니더라도 매년 맛과 품질을 꾸준히 개선해 나갈 수 있다.

그렇게 하다 보면 가게를 대표하는 메뉴를 완성할 수도 있다. 내 가게처럼 요리사 자격증도 없는 초보가 음식을 만드는 곳이라면 엄청난 내공이 있어야 하는 메뉴보다는 고기감자조림처럼 이자카야에서 잘 팔릴 만한 간단한 메뉴를 선택하는 게 바람직하다.

레스토랑에서는 완벽한 비주얼과 맛이 있는 음식을 손님에게 내놓아야 하지만, 이자카야에서는 처음부터 그럴 필요가 전혀 없다. 첫해보다 맛과 품질이 조금이라도 향상되면 손님이 "이거 작년에 먹었을 때보다 맛있네요."라고 좋게 평가해줄 테고 그러면 다음에 한 번 더 가게를 찾아줄 가능성도 그만큼 커질 것이다. 손님이 세 가지 메뉴를 맛보며 "사실 예전엔 그다지 먹을 만한 게 못 됐었죠."라고 웃으며 이야기하다가 "그런데 오늘은 참 맛있네요."라고 좋게 평가해주면 그렇게 기쁠 수가 없다. 이렇게 조금씩 개선해나가다 보면 10년이라는 세월은 금세 흘러가 버린다.

요즘은 SNS(소셜네트워크서비스)에 떴다 하면 눈 깜짝할 사이에 소문이 퍼지고, 어제까지만 해도 손님이 별로 없던 가게 앞에 갑자기 기나긴 줄이 생겨나고는 한다. 내가 이자카야를 처음 열었던 당시에는 상상조차 할 수 없었던 광경이다. 그런데 이렇게 순식간에 인기를 얻는 가게들은 대체로 조금만 시간이 흘러도 현상 유지는커녕 아예 가게 문을 닫아버리는 경우가 부지기수다. 오히려 SNS 반짝스타가 아닐지라도, 근처 거주자나 직장인들 사이에서 꾸준히 사랑받는 가게는 세월의 풍파 속에서도 끄떡하지 않고 살아남을 수 있다. 적어도 내가 보기에는 그렇다.

실패하지 않는 동네 식당 만들기

손님이 진짜 원하는 건
공들여 만든 요리가 아니다

　　내가 요식업계에 발을 들이게 된 계기는, 학창시절 방문했던 도쿄 시모기타자와 지역의 한 어묵 가게 덕분이다. 주인이 하는 일이라고는 그저 어묵을 보글보글 끓는 물에 담갔다 꺼내는 것뿐이었는데, 가게는 늘 손님으로 북적였다. 부부가 운영하는 곳이었는데 일 년에 얼추 한 달 정도는 '해외여행으로 잠시 가게 문을 닫습니다.'라는 안내문을 가게 입구에 붙여두곤 했다. 이때가 1960년대였는데 해외여행이 자유화된 게 1964년도였으니 그야말로 엄청난 일이었다. 쉽게 일하면서도 해외여행을 다닐 수 있는 업종이라면 나 역시도 즐기면서 해볼 만하겠다고 생각했다.

   경제학과 졸업반 시절, 과 동기들은 하나둘씩 은행이며 이런저런 대기업으로부터 합격통지를 받고 있었다. 다들 공부는 안 하고 평평 놀기만 한 것 같았는데, 알고 보니 나만 학점이 안 좋았고 다른 녀석들은 어느새 양복을 말쑥하게 차려입은 회사원이 되어 있었다. 몰라보게 멋있어진 친구들의 모습에 감탄하면서도 회사 생활은 아무리 생각해봐도 나에게 그다지 어울리지 않는 것 같았다. 그리고 나도 친구들처럼 금융업계에 취업하겠다고 뒷북을 쳐봤자 내 학점으로 들어갈 수 있는 곳은 기껏해야 신용금고 정도였다. 도시 중심부에 있는 대형은행에서 일하는 녀석들과는 출발점부터가 다를 수밖에 없었던 것이다. 현실이 이렇다면 '성공적이면서도 성취감을 느낄 수 있는 인생을 위해' 내가 선택해야 하는 길은 무엇일지 곰곰이 생각해보았다.

   언젠가 내 가게를 열 생각이니 우선은 남의 가게에서 먼저 일해볼까도 생각했지만, 부모님이 슬퍼하시는 모습을 보고 싶지는 않았다. 그렇게 처음 일반 직장에 취업한 곳이 커피 원두 판매 회사였다. 어느 정도 규모를 갖춘 회사였는데도 어머니는 못마땅한 기색을 감추지 못하셨다. 그래서 어머니한테 이 회사는 해외에서 원두를 사들이는 '무역회사'이고 언젠가는 나도 세계로 진출하는 회사를 창업하고 싶다고 말씀드렸다. 하지만 정작 내 시선을 사로잡은 건 원두가 아니라 커피숍에 설치돼 있던 사이폰•이었다. 당시에는 사이폰 방식으로 커피를 내리는 것이 새롭기도 하고 꽤 재밌어 보였다. 한창 혈기왕성할 때라서 이거라면 나도 한번 부딪쳐볼 만하지 않을까, 나중에 독립하더라도 나만의 무기가 되지 않을까 하고 생각했다. 확실히 어묵보다는 새롭고 신기한 그 물건에 흠뻑 빠져버렸다.

'언젠가 커피 원두를 사러 남미(南美)행 비행기에 몸을 싣는 날이 오겠지.' 하며 몽상에 빠져들기도 했다. 그런데 웬걸, 정작 내가 배치된 곳은 커피숍이었다. 대기업에 다니는 대학 동창들 월급의 반도 안 되었지만 좋은 기회가 될 것 같

● Siphon, 커피 추출 기구 중 하나: 옮긴이 주

았다. 이곳에서 나름 '승승장구할 수 있겠다'는 생각이 들었다. 일단 '어떻게 해야 남들 눈에 띌 수 있을지'가 관건이었다. 어느 날 한 선임이 대걸레로 바닥 청소를 하고 있었다. '어라, 그럼 손걸레로 청소하면 석 달 안에 사람들의 이목을 끌 수 있겠구나' 하는 생각이 들었다. 곧바로 실행에 옮겼다. 그렇게 한 달 정도 꾸준히 했더니 회사에서 높은 분이 다가와서는 "자네, 참 훌륭한 친구로구먼." 하면서 칭찬해주었다. 나는 같은 일이라도 더 잘 할 수 있는 방법을 찾아내야 직성이 풀렸다.

나만의 장사 스타일이 완성된 것은 서른 즈음이었다.

1년 반 정도 근무했을 무렵, 한 손님의 권유로 회사를 그만두고 그분이 운영하는 커피숍의 점장으로 자리를 옮겼다. 그런 뒤 얼마 지나지 않아 내 가게를 열었는데, 음식을 같이 팔지 않고는 돈벌이가 시원치 않겠다 싶어서 햄버그스테이크와 샌드위치를 메뉴에 추가했다. 그러고 나서 다른 동네에 2호점을 내보라는 이야기에 곧바로 실행에 옮겼는데 알고 보니 밤에는 인적이 드문 지역이었다. 그래서 몇 명 안 되더라도 일단 가게를 찾은 손님을 상대로 매상을 올릴 확실한 방법을 고민했고 답은 결국 술이었다.

술과 함께 내놓을 만한 안줏거리를 고민해봐도 요리를 배워본 적이 없어서 그런지 당장 머릿속에 떠오르는 게 없었다. 비프스튜나 게살크림고로케를 만들어보려고 했지만 쉽지 않았다.

하루는 일을 마치고 동네 술집에 들러 안주로 구운 피망과 구운 가지를 주문했다. 그런데 그 단순한 메뉴가 내가 공들여 만든 비프스튜와 가격이 같다는 걸 알고 무척 놀랐고, 불현듯 이런 생각이 떠올랐다.

'정성 들여 만든 음식만이 손님을 만족시키는 것은 아니구나. 피망을 불에 굽기만 했는데 긴 시간 공들여 만든 비프스튜보다 술자리에서 훨씬 더 빛을 발하지 않는가?'

그날 이후로는 음식을 공들여 만드는 대신 다른 가게보다 더 재미있는 분위기를 연출하려고 노력했고, 조금이라도 더 기발한 메뉴를 찾아 밤낮으로 골몰했다. 요리 자체에 자

'정성 들여 만든 음식만이 손님을 만족시키는 것은 아니구나. 피망을 불에 굽기만 했는데 긴 시간 공들여 만든 비프스튜보다 술자리에서 훨씬 더 빛을 발하지 않는가?'

신이 없다는 건, 반대로 이야기하면 어떤 메뉴를 내놓든 전혀 부끄러워할 필요가 없으며, 그래서 어떤 메뉴든 늘 새롭게 시도해볼 자신이 있다는 것이다. 그래서 한국 요리를 맛본 다음 날에는 소고기 쌈 메뉴를 손님에게 대접하고, 라자냐를 먹은 뒤에는 냉동만두를 이용한 라자냐 스타일의 메뉴를 내놓기도 했다. 손님 반응이 그다지 좋지 않으면 더이상 만들지 않으면 되고 좋게 봐준 손님은 다음에 한 번 더 가게를 찾아줄 테니 전혀 잃을 게 없는 장사인 셈이다.

요즘도 우리 가게에서 내놓는 메뉴는 단순하지만 하나같이 손님을 즐겁게 해줄 수 있는 것들이다. 우리 가게에서 일하고 싶다고 찾아오는 이들은 대부분 주방에서 칼질 한번 해본 적 없다. 내가 직원들에게 항상 하는 이야기가 있다. "우리 가게가 이 동네에서 가장 유명한 맛집이 되기는 힘들거야. 그래도 가장 재밌는 곳은 될 수 있지 않을까?" 그런 가게로 자리매김하면 훌륭한 요리를 대접하지 않더라도 손님을 얼마든지 즐겁게 해줄 수 있고, 그러다 보면 결국 많은 사람이 즐겨 찾는 가게가 될 테니 말이다.

우리 가게에서 일하다가 독립한 녀석에게 들은 이야기인

데, 개업 초기 6일이나 연달아 가게에 와준 부부가 있었다고 한다. 이야기하는 걸 좋아하는 유쾌한 친구였는데 내 기억에 요리를 썩 잘한 건 아니었으니, 입담으로 손님을 무척 즐겁게 해줬을 게 분명하다. 아무리 맛있는 음식이라도 6일 연속으로 먹으면 질리게 마련이지만, 재미와 즐거움이란 건 결코 질리는 법이 없다.

무엇에 '애정'을 쏟고 있는지 분명히 표현해야 직원들도 동기부여가 된다

좋아하는 일을 할 때는 아무리 힘들어도 쉽사리 지치지 않는다. 같은 요식업계에 종사하더라도 일하는 방식은 천차만별이겠지만 자기 가게를 운영하면 가게 안에서 일어나는 모든 일을 자기 방식으로 통제할 수 있다. 이런 점이 바로 자영업의 가장 큰 매력이다.

물론 늘 즐거운 일만 있는 것은 아니다. 매상이 좀처럼 늘지 않아서 노심초사하게 되는 날도 있다. 하지만 내 안에는 언제나 '선수'와 '감독'이라는 두 개의 자아가 공존하며 그 덕에 스스로를 그만큼 객관적으로 바라볼 수 있다. 여기서 선수란 현장에서 손님을 직접 대하며 음식을 파는 입장이고 감독은 가게가 돌아가는 모든 상황을 지켜보는 것이라 할 수 있다.

예를 들어, 어떤 메뉴가 인기가 없으면 선수는 걱정부터 하게 마련이다. 이럴 때는 내 안에 있는 감독에게 '어떻게 해야 잘 팔 수 있을지 좀 알려주세요.'하고 도움을 청해야 한다. 그렇게 하면 선수는 잠시나마 한숨 돌릴 수 있다. '당신이 이상하게 지시하는 바람에 팔지 못한 것 아닌가요?'라고 감독에게 불만을 쏟아낼 수도 있다. 이런 식으로 선수와 감독의 입장을 왔다 갔다 하며 생각하다 보면 스트레스를 해소할 수 있다.

많이 팔고 싶은 메뉴가 있으면 나는 그것에 특별한 애착을 둔다. 지금 처한 상황이 어떻든 내가 지금 그 메뉴에 얼마나 많은 애정을 쏟고 있는지를 감독 입장에서 선수에게 알려준다. 요즘에는 직접 가게에서 뛰지는 않기 때문에, 내 안에 있는 선수 대신 직원들에게 내가 특정 메뉴에 얼마나 큰 의미를 부여하고 있고 흥미를 보이고 있는지를 분명히 전달한다. 이렇게 하면 직원들의 성과를 끌어올리는 데 아주 효과적이다.

서점에서 뭐 재밌는 책 없을까 이리저리 살펴보다가 서점 직원이 손 글씨로 적어놓은 책 소개 글을 발견하면 자연스레 눈길이 간다. 그러다가 애정이 듬뿍 담긴 글에 이끌려 그 책을 사서 읽어봐야겠다는 생각을 절로 하게 된다.

이처럼 자신이 무엇인가에 흠뻑 빠져 있음을 분명히 표현하면 상대방의 행동에도 변화를 불러일으킬 수 있다.

기업마다 창업자가 일을 바라보는 철학과 가치관이 존재한다. 그것이 무엇인지를 현장 직원들에게 전달하는 것은 매우 중요하다. 직원들이 자신이 몸담고 있는 회사가 무엇에 얼마나 애착과 관심을 갖고 있는지를 알고 나면, 그들 역시 그것에 차츰 흥미를 보일 것이고 자연스레 성과도 향상될 것이기 때문이다.

예컨대 자동차 회사인 혼다 이야기를 한번 해보자. 창업자인 혼다 소이치로(本田宗一郎) 씨는 일선에서 물러난 뒤에도 공장에 가서 오토바이며 자동차를 어루만지곤 했다고 한다. 직원들은 그런 모습을 보고 그가 얼마나 오토바이와 자동차에 애정을 가졌는지 분명히 알게 되었을 것이고, 이는 결국 직원들의 동기 부여로 이어졌을 것이다.

　창업자와 직원들 간에 공감대가 형성되고 나면 일터는 그만큼 재밌고 유쾌한 곳으로 변모한다. 그리고 분위기가 유쾌한 일터에는 소문을 듣고 온 사람들이 하나둘씩 모여들기 시작하여 규모가 점점 커지게 되어있다. 바람직한 회사의 성장은 이런 것이다.

개인이 운영하는 작은 가게는 절대 망하면 안 된다

50년 정도 장사를 하다 보니 사람들로 북적여 우리 가게와 함께 잡지에도 실렸던 잘나가던 가게들이 폐업하고 사라지는 모습을 여러 차례 목격하곤 한다. 요식업을 흔히 레드오션이라고 하듯이 오랜 기간 큰 문제 없이 명맥을 이어가는 가게는 정말 드물다.

하지만 솔직히 말해서 나는 가게가 왜 망하는지 잘 모르겠다. 특히 점포가 여러 군데 있는 것도 아니고 딸랑 한 곳 운영하면서 현상 유지는커녕 문을 닫는 까닭이 무엇인지 정말 궁금하다. 그만큼 사업에 애착이 없기 때문이라고밖에는 딱히 설명할 길이 없다. '이 메뉴를 이렇게 팔면 장사가 잘 되겠다.'라는 생각으로 사업에 뛰어들었을 텐데 잘 굴러가지 않고 이리저리 삐걱거리기만 한다는 게 도무지 이해가 되지 않는다.

예전에 무척 인상 깊은 가게를 본 적 있다. 버스가 딱 한 대만 다니는 벽촌에 있는 빵집이어서 과연 손님이 있을까 싶은 곳이었다. 이 가게의 특색은 손님들이 무료로 이용할 수 있는 커피자판기를 앞에 설치해 놓은 것이었다. 동네 아주머니들은 아이를 유치원이나 초등학교에 보내놓고 공짜 커피를 마시려고 가게로 자연스레 몰려들었다. 시골 구석에 있는 빵집도 손님을 불러 모을 참신한 아이디어를 내놓는 마당에, 하물며 유동인구가 많은 곳에 있는 음식점이 더 좋은 아이디어를 내지 못할 이유가 없다.

가라테●를 이제 막 배우기 시작한 아이들은, 아직 기본

● 空手, 손과 발을 이용해서 상대방을 타격하는 일본 무술: 옮긴이 주

자세도 제대로 못 잡으면서 나중에 싸움을 잘하게 되면 괴물을 물리칠 거라는 둥 좋아하는 여자를 구해줄 거라는 둥 상상의 나래를 끝도 없이 펼친다. 상상력을 키워야 하는 건 아이들만이 아니다. 재밌는 상상을 할 줄 알아야 '손님들의 사랑을 받는 가게로 거듭나는 법'을 다채롭게 떠올릴 수 있다.

"음식이 참 맛있네요." 손님들의 칭찬 한마디는 식당을 운영하는 사람에겐 참으로 소중한 자산이다. 그렇다면 이런 상상을 해보자. 처음 만든 요리 이름은 그것을 최초로 맛본 손님 이름을 따서 짓는다고 말이다. 예를 들어, 미치코라는 손님이 처음 선보인 나폴리탄을 먹어 보고는 "맛있네요!"라고 칭찬해주었다면 그 요리를 '미치코탄'이라고 부르는 것이다. 그러면 미치코 씨는 분명 미치코탄의 열성 팬이 되어 친구들을 가게에 데려올 것이다. 손님의 얼굴에 미소가 번지는 모습을 한번 보고 나면 더 많은 손님에게도 계속해서 즐거움을 주고 싶어진다. 손님을 행복하게 해주는 가게가 성공하지 못할 리 없다.

이렇듯 가게가 잘 되려면 가장 먼저 손님들과 '돈독한 관계'를 형성해야 한다. 우리 가게에서 일하다 독립한 아이들은 개업기념일 같은 특별한 날에 손님들과 벚꽃 구경을 가거나 파티를 열곤 한다. 이렇게 하다 보면 녀석들의 가게를 사랑하는 팬들이 자연스레 생겨난다.

나도 이자카야 개업 초기에 손님들을 집으로 초대해서 바비큐 파티를 열거나, 영업이 끝나는 무렵 '이제부터 1시간 내로 주문하시는 건 제가 다 쏘겠습니다!'라고 선언하고 손님들과 함께 즐겁게 술잔을 기울이기도 했다. 손님들과 돈독한 관계를 쌓을 수 있느냐 없느냐는 순전히 주인의 노력에 달려 있다.

장사를 시작하게 된 데는 분명 어떤 계기가 있었을 것이다. 대개는 장사가 잘되는 집에 갔다가 그 모습에 매료되어서 나도 이렇게 한번 해보고 싶다는 생각을 하면서부터 본격적으로 뛰어든다. 동기가 그러했다면, 장사가 안될 때는 처음 자극받았던 그 가게에 다시 가볼 필요가 있다. 그러면 내 가게와 어떤 점이 다른지, 앞으로 나는 어떻게 해야 손님을 불러 모을 수 있을지 자연스레 깨닫게 될 것이다.

가게를 접을까 말까를 고민하기에 앞서 '내 가게를 가지고 있다!'라는 사실을 먼저 인식했으면 한다. 사오십 대가 되어도 남의 밑에서 시키는 일을 하며 살아가는 경우가 대부분이다. 내 가게, 내 사업체가 있다는 것은 지금 당장엔 손님이 별로 없어도 언제든 초심으로 돌아가 손님 한 사람 한 사람을 소중히 여기며 새로운 시도를 주도적으로 해볼 수 있다는 의미다. 예를 들어, 손님이 메뉴판을 보고 카레가 맛있어 보인다며 먹고 싶다고 하면 "후식으로 드시는 거라면 50% 할인해서 400엔에 드릴게요."라고 그때그때 제안을 해볼 수도 있다. 만약 손님이 이런 제안을 받고 "자, 그럼 술 한 잔 더 하고 후식으로 카레를 먹어 볼까?"라며 긍정적으로 반응한다면, 결과적으로 손님 기분도 좋게 해주면서 매상도 올리는 일석이조 효과를 거둘 수 있다.

카레는 만들기 어려운 음식이 아닌 데다 1주일 동안 계속해서 만들다 보면 점점 업그레이드될 수밖에 없다. 이처럼 간단한 요리라도 반복해서 만들면 오늘보다는 내일, 내일보다는 모레 만드는 것이 더 맛있을 것이고 그러다 보면 손님들이 인정해주는 간판 요리도 하나둘씩 생겨날 것이다. 이런 과정을 부담이 아닌 즐거움으로 받아들이는 것, 이것이야말로 오랜 기간 무탈하게 장사할 수 있는 비결이다.

가까운 곳에서 느낀 감동은
피가 되고 살이 된다

아주 가까운 곳에서 느낀 감동과 경이로움은 사업을 꾸려가는 데 아주 큰 도움이 된다.

하루는 골프잡지를 사려고 편의점에 들렀는데 점원 아주머니가 계산을 해주면서 이렇게 말했다. "나한테서 골프잡지를 사 간 사람들은 시합에서 늘 스코어가 좋더라고." 여지껏 골프잡지를 여러 번 사왔지만, 그날처럼 기분 좋은 적은 없었다. 업종과 관계없이 이렇게 오래도록 기억에 남는 인상적인 말들은 사업을 하는 데 보탬이 된다. 손님이 주문한 음

아주 가까운 곳에서 느낀 감동과 경이로움은 사업을 꾸려가는 데 아주 큰 도움이 된다.

식을 무뚝뚝하게 내놓기보다는 다정한 말 한마디를 살짝 곁들여보자. 이렇게만 해도 손님들 기분을 확 좋게 해줄 수 있다.

라쿠 코퍼레이션이 처음으로 가게를 열었던 도쿄 교도(経堂) 지역에서 오랜 기간 자리를 지켜온 한 라면 가게도 흥미로운 곳 중 하나다. 가게 앞을 지나가는데 마침 고등학생 몇 명이 가게 앞까지 자전거를 타고 와서는 이렇게들 이야기했다. "아! 오늘 쉬는 날이구나.", "이 집은 진짜 끝내준다. 와서 보면 매번 휴무라니까." 가게 주인은 '스페인에서 열리는 국제 면(麵) 음식 회의 참석차 쉽니다.'라거나, 여름철에는 '라면 가게라서 에어컨을 틀어봐야 별로 시원하지 않을 테니 어쩔 수 없이 잠시 가게 문을 닫습니다' 등의 안내문을 달아놓고 장기휴무에 들어가곤 했다. 가게를 쉴 때마다 위트 넘치는 안내문을 붙여 놓으니 고등학생들의 관심까지 불러 모았다. 이렇게 자주 오래 쉬는 데 오히려 더 많은 관심을 받는다니 '멋지다.'라는 말 밖에는 달리 표현할 방법이 없다.

최근에는 젊은 사장이 운영하는 재밌는 가게를 발견했다. 일본 전통음식과 록Rock 음악을 테마로 한 곳이었다. 가게 주인은 전통 있는 고급 음식점에서 경력을 쌓은 사람으로, 계란말이 정도는 눈 깜짝할 사이에 뚝딱 만들어내는 실력파다. 그런데 매장에 흘러나오는 음악이 록이었다. 가게가 번화가에 위치해 있어 제아무리 실력이 있다고 해도 평범한 일식집으로는 살아남을 만한 경쟁력이 없었다. 그래서 사장 부부는 차별화 포인트를 고민한 끝에 자신들이 좋아하는 록 음악을 가게의 테마로 설정해야겠다고 마음먹었다고 한다. '록'이라는 단어에 이끌려서 가게 안으로 들어왔는데, 예상과는 달리 일본 전통요리가 나오는 반전이 있는 곳'이라는 색다른 경험을 선사하면 그만큼 손님들이 오래도록 기억해주리라 판단했기 때문이다.

매년 오픈기념일에는 시내에 있는 널찍한 공간을 빌려 손님들에게 스탠딩 코미디나 샤미센* 공연을 보여주기도 했는데, 이렇게만 해도 단골손님을 만드는 데 효과가 있었다고

● 三味線. 일본의 전통 현악기: 옮긴이 주

한다. 가게 주인은 록 가수처럼 머리를 노란색으로 염색했는데, 자신이 길을 걷고 있으면 손님들이 '저 사람이 그 일식집 오너잖아.' 하고 바로 알아볼 수 있도록 하기 위함이라고 한다. 이렇게 손님을 끌기 위해 여러모로 노력하는 가게들을 보다 보면 나 또한 에너지를 얻는다.

   나이가 들어갈수록 열정도 점차 사그라지나보다 싶다가도, 꿈이 있는 수많은 젊은이가 왕성히 활동하고 있는 요식업계에 몸담고 있다 보니 나 역시 그들로부터 새로운 활력을 얻곤 한다. 아내는 불과 얼마 전까지만 해도 일은 이제 그만 해도 되지 않겠느냐고 묻던 사람이었다. 하지만 요즘 들어서는, 내 가게에서 일하던 아이가 독립한 뒤 승승장구하는 모습을 보거나 하면 당신도 더 분발해야 하지 않느냐며 오히려 자극하기 일쑤다. 나 또한 손님들에게 인기가 있는 가게를 볼 때마다 '나도 아직 살아있어!'라며 승부욕을 불태우기도 한다. 그러다 보면 요식업에 종사한다는 것이 얼마나 즐거운 일인지 새삼 깨닫는다.

'개성 있다'라는 말을 오해하면 안 된다

창업을 준비하는 사람들은 어떻게 하면 자신의 개성을 잘 표현한 가게를 열 수 있을지를 많이 고민한다. 내 가게에서 독립한 녀석 중에도 선배들이 하는 철판구이집이나 숯불구이집을 벤치마킹하면서도 자신만의 개성을 살리겠다며 생전 처음 보는 요리를 대표 메뉴로 삼는 경우가 있었다. 가게를 차별화하려고 최선을 다하는 모습은 박수받을 만하지만, 개성을 지나치게 추구하다 보면 자칫 독선으로 흐를 수도 있다.

중요한 것은 손님들이 조금이라도 더 기분 좋게 머물다 가는 장소를 만드는 것이지 자신의 개성이 드러나느냐 마느냐가 아니다. 대신 주인이 추구하는 가치관을 손님들에게 얼마나 잘 전달할 수 있을지, 손님들이 가게에 기분 좋게 들어와서는 '이런 분위기라면 소중한 사람들과 좋은 시간을 보내기에 안성맞춤이네.'라고 안심하게끔 하는 것에 중점을 두고 고민해야 한다. 이것이 자신만의 개성을 열심히 드러내는 것보다 훨씬 더 중요하다.

인기 있는 여러 가게를 자세히 살펴본 뒤 A, B, C 가게의 특징을 포착하고 각 요소를 잘 조합해서 자신만의 D 가게 콘셉트를 잡는 것이야말로 '개성'을 살리는 가장 적합한 방법이 아닐까.

음식 메뉴는 손님이 메뉴판을 보자마자 '이거 한번 주문해봐야지!' 하는 생각이 바로 들게끔 해야 한다. 그런데 개성이 지나쳐서 손님들의 호응을 즉석에서 끌어내지 못하면 결과적으로 아무런 의미가 없다.

생선회, 어묵, 고기감자조림처럼 어느 이자카야에서든 흔히 볼 수 있는 몇 가지 메뉴는 예나 지금이나 변함이 없다. 예전 그대로라는 것은 그만큼 손님들이 꾸준히 많이 찾는다는 의미다. 그렇다면 '어느 곳에서든 볼 수 있는' 메뉴를 취급하는 게 개성을 과하게 추구할 때보다 손님들을 만족시키기에도 좋고 가게를 여는 과정도 훨씬 순조로울 것이다.

술을 팔 때도 주종을 다양화하려고 골몰하기보다는 손님들에게 어떻게 하면 손쉽게 더 많이 팔 수 있을지를 고민하는 편이 훨씬 더 생산적이지 않을까. 예를 들어 첫 잔은 500엔이지만, 두 번째 잔은 450엔, 세 번째 잔은 400엔이라고 메뉴판에 적어놓으면 분명 호응해주는 손님들이 있을 것이다. '일본 술 100종 완비' 등으로 홍보하는 가게도 있지만, 우리 가게는 일본 술 전문점이 아니고 그저 평범한 이자카야일 뿐이라서 그 정도로 다양하게 준비할 필요는 없다. "오늘은 이거 드셔보세요."라며 손님들에게 그날그날의 분위기에 어울릴 만한 제품을 추천하고, 주문 즉시 제공할 수 있을 정도면 충분하다.

내가 사람들에게 자주 하는 말이 있다. 음식 장사가 처음이라면 당장 시도해보고 싶은 게 있어도 당분간 참고 확실히 돈벌이가 될 만한 방향으로 운영하라는 것이다. 사업 경험이 거의 없는 상태에서는 개성에 방점을 두는 것보다 대중성을 추구하는 것이 손님들의 호응을 얻기가 더 유리하다. 첫 번째 가게는 대중성으로 승부를 보고 일단은 구체적인 성과를 내야 한다. 그런 다음 두 번째, 세 번째 가게를 열 때부터 조금씩 자신의 개성을 담아내도 좋다.

쪽박 가게를 대박 가게로 만드는 아주 작은 아이디어

길을 걷다 보면 다 마신 와인 병을 가게 입구에 늘어놓은 장면을 심심치 않게 본다. '파리 날리는 가게'의 전형적인 모습'이다. 가게 입구는 손님을 한 명이라도 더 끌어들이는 결정적 관문이기 때문에 무엇보다도 신중하게 고민해서 꾸며야 한다.

바로 그런 공간에 빈 병을 늘어놓는다는 건 손님을 끌어들일 방법을 고민하지 않았다는 것으로밖에는 보이지 않는다. 와인 병을 놓고 싶으면 최소한 그 안에 물이라도 채워 넣어서 마치 내용물이 들어있는 것처럼 보이도록 해야 한다.

비용과 시간을 들이지 않고도 가게를 돋보이게 하는 방법은 그 외에도 무수히 많다.

지우다 만 듯 흐릿하게 적힌 글씨가 있는 미니 칠판이나 오래전에 인쇄한 것 같은 꾸깃꾸깃한 종이를 가게 앞에 드러내는 것도 당연히 삼가야 한다. 메뉴가 적힌 종이는 손님들에게 보내는 '러브레터'나 다름없다. 따라서 오늘은 어떤 편지를 보낼까 하고 매일 새로운 기분으로 서비스할 메뉴를 손으로 직접 써 내려가야 한다. 연인에게 매일 똑같은 내용을 꼬깃꼬깃한 종이에 적어서 보내는 사람은 얼마 못 가 차일 게 뻔하다. 물론 너무 바쁘다 보면 매일 새로 쓴다는 게 사실상 불가능할 수도 있다. 그렇다면 적어도 한 번 작업할 때 복사본을 여러 장을 만들어 놓은 뒤 날짜만이라도 매일 새로 써보자. 그리고 여기에 "오늘 무척 덥죠? 이런 날엔 맥주가 최고입니다."라는 식으로 몇 마디를 덧붙여보자. 이렇게만 해도 손님들에게 좋은 인상을 남길 수 있다.

단, 메뉴판을 여러 장 복사해서 사용할 때 주의해야 할 점이 있다. 메뉴판에 있는 음식이 전부 그날 실제로 제공할 수 있는 것들인지 잘 확인해봐야 한다. 문을 열자마자 들어온 손님에게 재료가 다 떨어져서 오늘은 제공해드릴 수가 없다고 해서는 안 된다. 다니다 보면 메뉴판에 분명 오늘 날짜가 적혀있는데도 거기에 적혀있는 생선회를 주문하면 '그건 다 떨어졌다'라고 하는 가게가 적지 않은데, 기본적으로 말도 안 되는 이야기다. 메뉴판에 그날의 날짜를 적는 건 식자재가 그만큼 신선하다는 걸 어필하기 위해서다. 그런데 주문하는 것마다 오늘은 안 된다고 하면 손님들에게 좋은 인상을 남길 리 만무하다. 인기 있는 가게와 파리 날리는 가게는 여러모로 천양지차다. 그런데 알고 보면 이런 차이는 소소하게나마 차별화할 수 있는 포인트를 궁리하고 실행에 옮기려는 오랜 노력의 결과로부터 온다. 출발 지점은 같더라도 애초에 바라보는 방향이 조금이라도 다르면 앞으로 나아갈수록 그 차이는 점점 크게 벌어지게 마련인데, 이것과 같은 이치다.

내가 운영하는 가게 중 한 곳이 점장이 바뀌면서 매상을 조금 더 끌어올리는 것도 어려워한 적이 있었다. 그래서 나는 점장과 함께 머리를 맞대고 어떻게 풀어가면 좋을지 논의했다.

우리는 전채 요리로 샐러드를 제공하는데, 전채 요리 또한 가게의 성패를 좌우하는 매우 중요한 요소기 때문에 어디서나 볼 수 있는 스타일로 내놔서는 안 된다고 이야기했다.

예를 들어, 여름이라면 샐러드에 에다마메●라든지 제철 채소를 곁들인다. 이렇게만 해도 손님들은 음식에서 계절의 변화를 느낄 수 있다며 기뻐한다. 샐러드를 테이블에 올려놓으면서 "맥주에 어울리는 에다마메를 샐러드에 곁들여봤습니다!"라고 손님에게 알려주는 것도 좋은 방법이다. 이렇게 전채 요리 하나만 가지고도 손님들의 마음을 사로잡을 수 있다.

우리 가게만의 팁 하나 더. 이자카야에서는 흔히 손님이 720ml나 900ml짜리 대용량 사케를 주문하면 잔에 따르기 쉽도록 병을 거꾸로 꽂아서 원할 때 내려 마실 수 있게 한

● 익기 직전의 파란 콩을 수확해서 소금물로 삶은 것으로, 주로 이자카야에서 단골 안주로 취급함: 옮긴이 주

다*. 우리 가게에서도 그렇게 하고 있는데, 다른 점이라면 술병에 붙어 있는 라벨을 조심스레 벗긴 뒤 180도 뒤집어서 다시 붙이는 거다. 그러면 병을 거꾸로 꽂더라도 손님이 라벨에 적혀있는 글씨를 쉽게 읽을 수 있다. 눈치챈 손님들은 '참 세심한 가게'라며 칭찬해주곤 한다. 별로 힘들지 않은 이런 작은 배려로 가게의 가치는 높아질 수 있다. 지점별로 알아서 하도록 하다 보니 어떤 가게는 라벨을 뗐다 붙이는 일을 건너뛰기도 하는데, 그러면 좀 안타까운 생각이 든다.

중요한 건 가게에 플러스가 되는 일은 싫증 내지 말고 꾸준히 해나가야 한다는 것이다. 음식도 매일 똑같은 걸 반복해서 만들다 보면 싫증을 내는 직원들이 더러 있는데, 만드는 쪽은 지겹게 느낄 수 있어도 그 '똑같은' 음식을 먹고 싶어서 오는 사람은 항상 있다. 여전에 레시피를 소개하는 어떤 사이트에서 '틀에 박힌 형태에서 벗어나는 방법'이라는 제목의 기

● 물통을 거꾸로 꽂아 사용하는 정수기와 형태가 유사함: 옮긴이 주

사를 본 적이 있다. 그런데 어떤 음식의 형태가 고정적이라는 것은 달리 말하면 그만큼 그 음식을 찾는 사람이 여전히 많다는 의미일 것이다. 그런 요리는 조리법은 그대로 하고 그릇에 담는 방법만 바꿔본다든지 하면서 고정된 이미지를 탈피해나가는 것도 고려해 볼 만하다. 마술사는 자신은 원리를 뻔히 알고 있는 마술을 수백 수천 번 반복 연습하지만 무대 위에서는 항상 재밌는 표정으로 공연하면서 관객들을 즐겁게 해준다. 음식점에서 일하는 사람들이 좋은 본보기로 삼아야 하는 태도다.

서투름도
강력한 무기가 될 수 있다

나는 '무엇인가를 하는 데 서투르다'는 건 결점이 아니라 오히려 엄청난 능력으로 작용할 수 있다고 본다. 일하다 보면 자신이 잘하지 못하는 게 무엇인지 깨닫는 순간이 온다. 그렇지만 남보다 못하는 게 있다면 남보다 잘하는 것도 있다. 그러니 '못하는 것'보다는 '잘하는 것'이 무엇인지 생각해봐야 한다. 아무리 해봐도 생선회를 먹음직스럽게 뜨지 못하겠으면 골뱅이무침이나 시금치무침처럼 칼질과는 크게 상관없는 음식을 만들면 된다. 서툰 점을 개선하는 것도 필요하지만 그것에만 집중하지 말고 자신이 잘하는 점을 찾다 보면 얼마든지 자신만의 장기를 발견할 수 있을 것이다.

꽁치 철이 다가오자 가게에서 일하는 한 녀석이 메뉴판에 꽁치 그림을 그려 넣고 싶다고 했다. 자기는 그림을 잘 못 그리니 나더러 좀 그려달라고 하기에 일단은 직접 한번 그려보라고 했다. 완성작을 가져와 보여주는데 열심히 그린다고 그린 것이 꽁치보다는 정어리에 가까운 모습이었다. "원래 무얼 그릴 생각이었냐?"라고 물었더니 그 직원은 "이래 봬도 꽁치를 그린 거예요."라고 했다. 그래서 나는 웃으며 "자, 그럼 답은 나왔네?"라고 말했다. 정어리 그림 옆에 '정어리처럼 생겼지만 꽁치입니다!'라고 써두면 된다. 그렇게 하는 게 잘 그린 꽁치 그림보다 훨씬 더 손님을 즐겁게 해줄 수 있다. 화가도 아닌데 그림에 집중할 필요가 있는가. 꽁치든 정어리든 상관없다. 지금 내가 당장 남보다 잘할 수 있는 게 무엇인지를 파악해서 거기 집중하는 게 급선무다.

우리 가게에서는 그림 대신 꽁치의 어탁®을 뜬 것을 메뉴판 삼은 적도 있다. 그렇게 했더니 매상이 날개 돋친 듯 올라, 하루에 꽁치 30~40마리를 팔기도 했다. 어탁을 활용하기 전보다 무려 열 배에 달하는 엄청난 양이었다.

메뉴판을 예쁜 글씨와 아름다운 그림으로 장식해도 손님들이 별다른 관심을 보이지 않는 경우도 꽤 있다. 그런 경우 문제는 글씨나 그림이 아니다. 그렇다면 사람들의 시선을 끌 수 있는 다른 방법은 없는지 고민해야 한다. 그렇게 해야 장사 스킬도 키울 수 있다.

무엇인가에 서투르다고 위축될 필요는 없다. 부족한 점을 상쇄할 수 있는 다른 점을 찾는 데 집중하자.

무와 감자를 이용해서 간단하게 도장을 파보는 것도 재밌는 아이디어다. 예를 들어 'ㅈ(지읒)' 모양의 도장을 만들어서 메뉴판에 찍으면 손님은 일단 호기심이 일어 무슨 뜻인지 물어볼 가능성이 크다. 그러면 "아르바이트를 하는 여직원이(미국 영화배우인) 조니 뎁의 열혈 팬이라서요."라고 대답하며 손님과 이야기를 나눌 기회를 만들 수 있다.

혼자서 가게를 운영한다면 음식을 조리하랴 서빙하랴 눈

● 魚拓, 물고기의 표면에 먹을 칠한 뒤 화선지에 그 모양을 뜬 것: 옮긴이 주

코 뜰 새 없이 바쁘겠지만, 상황을 탓하기보다 어쨌든 당장 본인이 할 수 있는 일에 순간순간 집중하는 것이 낫다. 아주머니가 혼자 운영하는 가게에서는 '불편하게 해드려 죄송합니다.'라면서 손님이 직접 음식과 음료를 가져다 먹게 하는 경우가 있다. 그렇지만 이렇게 하다 보면 그만큼 손님과 가게 주인 간의 물리적, 심리적 거리가 줄어드는 효과가 있다. 어설프게 아르바이트생을 뽑아 인건비 부담을 가질 바에는 차라리 셀프서비스로 운영하며, 그 대신 작은 안주라도 서비스로 제공하는 것이 비용도 절감하고 즐거운 분위기를 자아낼 수도 있다.

무엇인가에 서투른 까닭에, 이를 보완할 방법을 철저하게 살피게 될 것이고 그러다 보면 어느새 매상을 끌어올릴 수 있는 가공할 무기를 얻게 될 것이다.

무엇인가에 서투르다고
위축될 필요는 없다.

　부족한 점을
　상쇄할 수 있는
다른 점을 찾는 데
　집중하자.

당연히 해야 할 일을 꾸준히
실천하다 보면 반드시 성공하게 되어있다

'아무거나 다 파는 이자카야는 이제 살아남을 수 없다. 몇 가지 메뉴에 특화된 전문점 빼고는 다 사라질 것이다.' 요식업계에서 요즘 종종 들리는 말이다. 이 산업에 대기업이 뛰어들어서 '무엇이든 다 있는', 이른바 '종합 이자카야'를 각 지역으로 빠르게 확산시키고 있기 때문에 작은 가게가 이렇게 운영했다가는 손님들에게 존재감을 어필할 수 없다는 것이다.

그러나 나는 그들의 주장에 의구심이 든다. 푸근한 아저씨와 아주머니가 운영하는 작은 이자카야는 예나 지금이나 변함없이 손님들로 북적거리고 젊은 사람들도 그런 분위기를 꽤 좋아하지 않는가. 그리고 그런 가게에서 소고기 두부조림, 볶은 우동, 어묵 등을 비롯해 웬만한 메뉴는 다 판매한다. 나는 어느 시대든 개인이 운영하는 종합 이자카야만큼 경쟁력 있는 가게는 없다고 본다.

우리 가게의 존재 이유는 젊은 직원들이 장사를 배워서 언젠가는 독립할 수 있게 준다는 데 있다. 나는 직원들에게 누구나 평생 즐겁게 일하며 먹고 살 수 있는 가게를 가질 수 있다고 이야기하곤 하는데, 여기서 가게란 내가 오랜 기간 운영해온 뭐든지 다 파는 이자카야를 말한다. 우리 집에 있다가 독립하는 친구들은 대부분 모은 돈이 많지 않기 때문에 처음에는 유동인구가 적고 상권도 잘 발달하지 않은 지역에 가게를 열 수밖에 없다. 상황이 그렇다면 가게에서 생선회도 팔고, 어묵도 팔고, 스파게티도 팔아야 손님 입장에서 마음 편히 이용할 수 있고 재방문할 가능성도 높아진다.

어느 정도 규모가 있는 기업들은 자금력으로 많은 직원을 동원해 다음 시즌 메뉴를 구상하고 사진을 먹음직스럽게 찍은 뒤, 이를 토대로 두꺼운 메뉴판을 만들고 홍보 포스터를 인쇄하여 곳곳에 뿌린다. 그 과정이 무척 체계적이어서 근사해 보일 때도 있다. 다만 개인이 운영하는 작은 이자카야는, 예컨대 채소가게에서 우연히 품질 좋은 '토란'을 발견하면 오늘은 토란으로 무엇을 만들어볼까 하고 즉석에서 유연하게 결정할 수 있다. '마리코 씨가 토란을 좋아했었지 아마?' 하고 손님의 얼굴을 떠올리며 그날 저녁에 준비할 요리를 구상하는 것이다. 그렇게 만든 요리는 당연히 손님을 기쁘게 할 것이고 손님은 가게의 열성 팬이 될 가능성이 크다. 대기업이 운영하는 이자카야는 이렇게 유연한 대처가 불가능하니 이런 점은 참 안타깝다는 생각이 든다.

우리 집에서 독립한 녀석들은 선배들이 운영하는 맛집을 자주 벤치마킹한다. 하지만 아무리 대박집이라고 해도 그 성공 공식을 그대로 사업에 적용하는 것은 무리일 수 있다. 예를 들어, 우리 집에서 오래전에 독립한 직원의 식당 중 하루 저녁 테이블 회전율이 무려 500~600%에 달하는 초대박 음식점이 있는데, 녀석의 어머님이 '우리 애는 쓸데없이 밝아서 문제'라고 걱정할 정도로 에너지가 넘쳤다.

이는 백 명 중 한 명 그럴까 말까 할 정도로 흔치 않은 특징이라, 성격이 그렇지 않은 사람이 이 친구를 따라 한다고 똑같이 대박을 터뜨리지는 못할 것이다. 내가 항상 염두에 두는 것은 특출하고 특별한 능력을 가진 한 명이 아니라 그렇지 않은 나머지 아흔아홉 명이 성공할 수 있게 하는 것이다. 그래서 그런 선배가 운영하는 가게 바로 옆에서 장사하더라도 매일 손님이 끊이지 않게 하려면 어떻게 해야 할지 늘 고민한다.

그리고 그 비결은 생각보다 쉽다.

내가 운영하는 가게 점장 중에 엄청난 성과를 거두고 있는 녀석이 있다. 점장이 된 지 2년 6개월 정도밖에 안 됐는데 그 사이 매상이 절반 이상 늘었고, 월 매출 천만 엔이 안 됐던 곳이 이제는 천몇백만 엔을 훌쩍 넘기기도 한다. 정말 대단한 성과다.

원래는 음악을 하고 싶어서 고등학교를 중퇴했다가 어머니와 차린 가게가 잘 안 돼서 문을 닫은 적도 있다고 한다. 자기 자신을 '바보 같다'며 비하하고, 앞에서 소개했던 녀석처럼 특별한 재주가 있는 것도 아니었다. 그렇지만 그 직원은 일단 가게에 들어서면 내 입가에 절로 미소가 지어질 정도로 같은 일이라도 더 잘 할 방법이 없을지 끊임없이 궁리하곤 했다.

'이 녀석 꽤 쓸 만한 놈이로구나.' 하고 감탄했던 일이 있었다. 화장실에 붙여놓은 문구 때문이었는데 이렇게 적혀있었다. "저희를 부를 때 '저기요, 죄송한데요.'라고 하지 마시고 직접 이름을 불러주세요. 저희도 손님들의 성함을 불러보고 싶습니다."

음식점에서 손님이 직원의 이름을 부르고 직원이 손님의 이름을 기억한다는 것은 무척 특별한 일이다. 이름을 부르고 기억하는 순간 서로의 거리가 가까워지면서 끈끈한 유대관계가 형성되기 때문에 충성고객들이 생겨날 수밖에 없다. 우리 가게 직원들이 전부 명찰을 달고 있는 것도 손님이 이름을 불러줬으면 하는 바람 때문이다.

한편, 화장실에만 그런 문구를 붙여둔 게 아니었다. 여자 아르바이트 직원이 낸 아이디어였는데, '"저기요, 죄송한데요."라고 말하면 벌금 500엔을 내셔야 합니다! 반드시 ○○씨라고 불러주세요.'라고 적은 종이를 메뉴판과 함께 미소 띤 얼굴로 손님에게 가져다줬다. 그렇게 하자 손님 대부분이 직원들 이름을 부르게 됐고, 가게 전체 분위기도 확 달라졌다고 한다.

화장실을 항상 청결하게 관리하는 것은 음식점 관리의 기본 중 기본이지만, 이 가게는 여기서 한 걸음 더 나아갔다. 대개는 1시간에 한 번씩 화장실이 깨끗한지를 확인하여 관리표에 체크 표시를 하는데, 이 가게에서는 '이 화장실은 저 ○○○가 책임지고 청결하게 관리하고 있습니다!'라는 문구가 적힌 관리표를 눈에 잘 띄는 곳에 붙여두었다. 그리고 여기에 체크 표시를 하지 않고 '우선 생선회부터 드셔보세요! 신선합니다!', '따뜻한 어묵! 몸도 마음도 훈훈해집니다.' 같은 문구를 써두었다. 별 것 아닌 것처럼 보일 수 있다. 하지만 어디서나 볼 수 있는 흔한 관리표를 붙여놓고 직원이 그냥 해야 할 일을 하고 있을 뿐인 것 같은 인상을 남기는 것보다는, 이렇게 하는 게 손님에게 훨씬 더 활기찬 느낌을 선사할 수 있다. 그리고 구미가 확 당길 만한 내용을 적으면 매상을 끌어올리는 데도 보탬이 된다. 그리고 한 가지 더 덤으로 얻을 수 있는 효과는 관리표에 자기 이름을 적어 넣은 담당자가 훨씬 더 책임감 있게 화장실 청소를 하게 된다는 점이다.

  이런 일화도 있었다. 그 점장은 아르바이트생도 정직원과 마찬가지로 가게의 얼굴이라고 늘 이야기했는데, 존재감이 거의 없던 한 아르바이트생에게 '점장'이라는 별명을 붙여줬다고 한다. 손님들에게 강렬한 인상을 심어주려는 의도였다. 직원들끼리 "점장님, 마실 것 좀 부탁해요."라든지 "점장님, 설거지 좀 해주세요."라는 식으로 이야기하자 손님들은 '뭐지?' 하면서 의아하다는 표정을 지었다. '점장' 아르바이트 직원은 그런 손님들에게 요리를 가져다주며 "제가 바로 그 '점장'입니다."라고 설명했고, 다들 "뭔가 재밌는 구석이 있는 가게네."라고 하며 흥미로워했다고 한다. 한편, '점장'이라는 타이틀을 달자 그 친구도 눈에 띄게 성장했다고 한다.

  어떤가. 이 점장이 신경을 썼던 이 모든 것들은 사실 그다지 특별한 게 아니다. 사람을 매료시키는 능력이 없어도, 요리 실력이 엄청나게 뛰어나지 않아도, 누구나 마음먹으면 곧바로 실행할 수 있는 것들이다. 음식점을 운영하는 사람이라면 당연하게 여겨야 할 것들일 뿐이며, 우리 가게에서도 점장 회의 때마다 귀가 따갑게 반복해서 전달하는 사항들이다. 하지만 이렇게 당연한 원칙조차 제대로 지키지 못하는 가게들이 주변에 많다. 뭔가 색다르고 특별한 게 없더라도, 당연한 것들을 꾸준히 실천하다 보면 반드시 손님들에게 인정받는 가게로 만들어갈 수 있다고 나는 확신한다.

골프와 사업의 공통점

골프를 치러 갔을 때 있었던 일이다. 요즘은 골프장에 혼자 가는 편이라 처음 보는 사람들과 시합을 하기도 하는데, 얼마 전에 만났던 상대는 대기업 임원까지 했던 사람이었다. 이 사람은 자기가 친 공이 어디에 떨어지든 다음 샷을 위해 유리한 위치로 옮겨놓지 않고 그대로 두었다.

나처럼 설렁설렁 재미로 치는 사람들은 공이 잔디가 벗겨진 곳이나 그밖에 의도치 않은 곳에 떨어지면 다음 샷을 치기 어려우니, 대개 '6인치 플레이스 룰*'에 따라 공의 위치를 옮기곤 한다. 그러나 그 사람은 그러지 않고 시합을 계속 이어가면서 차분한 어조로 이렇게 말했다. "저는 이렇게 난관에 빠졌을 때가 제일 재밌더라고요. 이럴 때 말고는 안 좋은 위치에 떨어진 공을 쳐볼 기회가 없잖아요."

예를 들어 공이 디보트 마크(샷을 날릴 때 잔디와 흙이 깎여 나가면서 생긴 자국)에 떨어지면, 일반적인 스윙으로는 공을 빼내기 어렵다. 어떻게 칠 것인지, 공이 어디까지 굴러가게끔 칠 것인지, 상황에 맞는 전략을 짜야 한다. 그 사람은 바로 이런 게 재미있다는 것이다. 참으로 대단한 마인드다.

어려운 상황을 극복해냈을 때의 기쁨은 단순한 샷을 날릴 때와는 비교할 수 없을 정도로 큰 것은 분명하다. 그 사람은 은퇴 후에 골프를 다시금 제대로 쳐봐야겠다고 마음먹었고, 그런 식으로 치다 보니 60대가 되면서부터 핸디를 크게 줄일 수 있었다고 한다.

- 겨울철에 얼어붙은 잔디 위에서 스윙하다 발생할 수 있는 부상을 예방할 목적으로 공이 떨어진 최초 지점에서 6인치, 즉 사람 손의 한 뼘 정도의 범위 내에서 위치를 옮길 수 있도록 한 것: 옮긴이 주

이야기를 듣다 보니 골프와 사업에는 서로 유사한 점이 많았다.

잘 친 것 같아도 막상 가서 보면 디보트 마크에 떨어져 있는 경우도 많고, 공의 위치를 옮기지 않고 그대로 치면 그린 쪽으로 가기는커녕 옆으로 튕겨 나가든지 정반대 방향으로 날아가기도 한다. 사업도 마찬가지다. 앞으로만 나아가는 게 아니라 일단 후퇴해야 할 때도 있다. 50년 가까운 세월 동안 장사를 하다 보니 이런저런 일들을 겪었다. 가게가 위치한 곳이 재개발되는 바람에 퇴거한 적도 있고 일손이 부족해 문을 닫아야 하기도 했다.

하지만 그렇다고 그때마다 가게를 다른 지역으로 이전하다 보면 근처에 있는 다른 지점들이 안 좋은 영향을 받을 수도 있다. 가게 한 곳 한 곳의 기반을 잘 다져놓아야 다음 가게를 열 수 있는 동력을 마련할 수 있다. 그러려면 언제나 순풍에 돛을 단 듯 앞으로 뻗어 나가야겠지만, 골프를 칠 때 모든 스윙의 결과가 내 마음 같지 않듯이 사업도 늘 원하는 대로 굴러가지만은 않는다. 오랜 기간 사업을 하다 보면 **시장 경기**(景氣)**에 영향을 받기도 하고 이러저러한 부침을 겪는**

것은 당연하다. 그런 상황에서 내가 할 수 있는 게 무엇인지 최선을 다해 생각해낼수록 전투력이 향상될 것이다. 먼 곳까지 미리 내다본다면 조금 더 좋은 '스코어'를 내고, 더욱 경쟁력 있는 사업체로 만들어갈 수 있을 것이다.

골프와 사업이 서로 유사하다고 느꼈던 또 한 가지는, 좋은 결과를 얻으려면 잘하는 게 한 가지 정도는 있어야 한다는 사실이다.

내 나이가 이제 일흔넷이니 아무래도 샷의 비거리가 짧을 수밖에 없다. 그런 까닭에 예전에는 파5 롱홀(첫 타를 치는 장소인 티잉 그라운드부커 그린 중앙부까지의 거리가 571야드 이상인 홀)에서 샷 세 번으로 그린에 올리고 퍼트 두 번으로 끝낼 생각을 했지만, 이제는 처음부터 샷 네 번으로 그린에 올려야겠다고 마음먹는다. 아무리 애를 써도 샷 세 번으로는 도저히 불가능하기 때문이다. 이 나이에 비거리를 늘리려고 애써봤자 헛수고라서 차라리 보통 때보다 비거리는 짧아도 그린에 확실히 올릴 수 있도록 샷의 정확도를 높이는 방향으로 연습하는 것이 스코어를 올리는 데 더 도움이 된다.

마찬가지로, 장사를 할 때도 자기가 잘하지 못하는 것을 계속해본들 결과가 좋을 리 만무하다. 우리 가게 같은 소규모 이자카야에서 일하는 직원들은 제아무리 노력해도 고급 음식점에서 오랜 기간 수련한 요리사들과 같은 수준의 음식을 만들 수는 없다. 그렇지만 이자카야의 대표 메뉴인 고기감자조림 정도는 매일 반복해서 만들다 보면 조금씩 더 맛있게 만들 수 있다. 우리 가게에서는 매일 육수를 보충해가면서 고기를 걸쭉하게 삶는 방식으로 고기감자조림을 만드는데, 손님들이 많이 찾는 인기 메뉴다. 프랑스 요리만큼 고급스럽지는 않지만, 우리 가게에서 일하는 직원 모두 '일본 최고의 고기감자조림'이라 자부한다. 음식을 손님에게 대접하려면 그 정도 자신감은 있어야 한다.

젊은 친구들은 대부분 다른 가게에서 발견한 요리를 신메뉴로 추가하고 싶어한다. 그러나 생소하고 잘 할 자신도 없는 요리를 무리하게 시도하는 것보다는, 상대적으로 '자신 있는' 이자카야 인기 메뉴를 더욱 열심히 만들고 파는 게 결과 면에서 훨씬 더 낫다.

인기 메뉴의 경우 이미 판매의 한계치에 이르러 더 이상 판매량이 높아지지 않을 것이라 생각하는 직원도 있다. 그러나 판매량을 더 늘릴 수 있는 메뉴는 바로 이렇게 누구에게나 인기 있고 남들보다 잘할 수 있는 음식이다.

예를 들어, '오늘은 고기감자조림을 평소보다 두 배로 팔아보자.'라는 목표를 세운다. 이미 많은 손님들이 주문하는 메뉴라서 쉽지 않지만, '200엔 추가하면 양이 두 배!' 라고 홍보하면 손님도 분명 좋아할 테고 매출도 늘어날 것이다. 이렇게 메뉴의 가짓수를 늘리기보다는 기존 메뉴의 단가를 올려야 그만큼 인력 충원에 대한 부담 없이 가게를 운영할 수 있다.

요즘 들어 요식업계에도 일손 부족 현상이 심각하다. 상황이 이렇다면 직원이 많지 않아도 손님에게 매력적으로 다가갈 수 있는 요리를 취급하는 게 바람직하다.

우리 가게 대표 메뉴 중 하나는 생선회다. 가급적 손님이 보는 앞에서 그릇에 보기 좋게 올려놓아야 그만큼 재료의 신선함과 요리의 매력을 어필할 수 있겠지만, 일손이 부족한 상태에서 주문이 밀릴 때는 그렇게 할 여유가 없다. 그렇다면 바쁜 와중에도 음식의 매력을 잃지 않는 방법은 무엇일지 고민해야 한다.

얇게 뜬 생선회를 말린 다시마 사이에 넣고 랩으로 싸서 하루 정도 숙성시켜 만드는 고부지메는 미리 충분한 양을 준비해뒀다가 손님이 오면 바로 대접할 수 있는 메뉴다.

손님이 보는 앞에서 다시마를 떼어서 한쪽에 치워놓고, 생선회를 작게 잘라 가지런히 그릇 위에 올려놓으면 매력적이고 맛있게 보일 것이다.

장사라는 건 모름지기 더 많이 팔 수 있는 방법이 없을지 고민한 만큼 성과를 얻기 마련이다. 이왕 고민할 거라면 자신 없는 분야에서 안간힘을 쓰기보다, 자신 있는 분야에서 수완을 더 키우는 게 낫다. 그렇게 해야 오래도록 즐겁게 일하면서도 실질적인 성과를 얻을 수 있다.

역세권만 잘 된다고?

도쿄 시부야에서 13년간 운영해온 가게가 임대 계약이 만료되어 이전한 적이 있었다. 단골손님들 때문에 그리 멀리 옮길 수는 없어서 근방에 분위기 좋은 곳이 없는지 찾아보았다. 그런데 기존과 똑같은 100석 규모로 들어갈 만한 곳은 식당이 건물 안에 빼곡하게 들어차 있는 이른바 '식당가 건물'뿐이었다.

나는 식당가 건물 같은 곳에는 절대로 가게를 내지 않는다. 그리고 역 앞에 자리해 손님의 눈에 바로 띄는 장소도 선호하지 않는다. 우리 가게에서 독립하는 아이들에게 그런 곳은 임대료가 너무 비싸서 감당이 안 될 것이다. 이뿐만 아니라 역에서 가깝고 찾기 쉬운 '노른자 위치'에 있으면 가게를 찾아주는 손님들에게 설레는 감정을 선사하기 어렵다. 역에서 그리 멀지는 않으면서도 나름의 분위기가 있는 곳에 있어서 손님들이 가게로 걸어오는 발걸음이 즐거운 곳. 내가 가장 좋아하는 장소는 그런 곳이다.

사람과의 만남에서처럼 입점할 장소를 찾는 과정에서도 인연이라는 것이 작용한다. 그런데 이거다 싶은 물건이 좀처럼 보이지 않았다. 그러나 조바심을 내는 것은 금물이다. 가게 직원들에게도 이점을 당부한다. 독립한 후 처음 차리는 가게는 그 후에 펼쳐질 모든 역사의 출발점이니 신중에 신중을 더해 선정해야 한다고.

좋은 입지를 조금이라도 더 자주 소개받으려면 어느 정도 노력이 필요하다. 우선은 단정한 차림으로 사업 계획서를 잘 정리한 파일을 들고 부동산 중개사무소로 간다. 가게 이름도 대강 정해두는 게 좋다. 우리 가게에서 독립하려 하는 20대 후반에서 30대의 젊은 아이들이 말쑥하게 차려입고 부동산을 찾아가면 일단 건물주부터 그 모습을 보고 안심한다. 그런 후에는 부동산에 자주 얼굴을 내비쳐 중개업자가 얼굴과 이름을 기억하게 만드는 것이 중요하다. 그래야 좋은 물건이 생겼을 때 바로 생각나는 사람이 되어 제일 먼저 연락을 받을 가능성이 커지기 때문이다.

그런데 사실 처음으로 여는 가게라면 위치는 중요하지 않다. 극단적으로 들릴 수도 있겠지만 첫 번째 가게에서 가장 중요한 것은 주인의 인간적인 매력이기 때문이다. 매력이 있으면 손님들은 가게가 어디에 있든 찾아 오게 되어있다.

앞에서 말한 가게는 결국 시부야역 남쪽, 개발이 한창 진행되고 있는 지역에서 조금 떨어진 곳에 자리 잡았다. 음식점이 드문 동네의 반지하 공간이었다. 솔직히 말하면 가게 재오픈 후 6개월 정도는 손님이 거의 없겠구나 싶었지만, 다행히도 처음부터 많은 인기를 끌었다.

실내 규모가 그 전 가게보다 좁았기 때문에 벤치처럼 생긴 의자를 가져다 놓았다. 내가 이자카야를 처음 시작했던 당시 흔히 사용되던 스타일인데, 붐빌 때는 손님들이 서로 따닥따닥 붙어 앉아야 하기 때문에 그만큼 흥겨운 분위기가 쉽게 연출된다. 카운터 쪽 자리는 단둘이 온 손님들이 주로 앉지만, 벤치 스타일의 의자를 가져다 놓은 큰 테이블 주변에는 여럿이 함께 앉기가 좋으니 주로 대여섯 명 정도의 단체 손님이 오곤 했다. 이렇게 하니 객단가[*]를 높이는 데도 도움이 됐다.

- 손님 한 사람당 매출액: 옮긴이 주

가게 도면을 주인이
직접 챙겨야 하는 이유

얼마 전 우리 가게에서 독립한 아이의 가게 도면을 보게 됐다. 20평이나 되는데도 겨우 40명밖에 앉지 못하는 구조였다. 고급요리 전문점이라면 몰라도, 우리 가게는 보통 객단가가 3~4천 엔 수준이라 이 정도로는 채산성이 부족하다. 더욱이 내가 운영하는 가게 중에는 13평짜리 공간에 45석이나 배치한 곳도 있으니 비교될 수밖에 없다. 가게 내부 구조 설계를 디자이너에게 맡기면 보통 이런 결과가 나온다. 점포 설계 경험이 그리 많지 않거나 디자인을 우선순위에 둔 나머지 화장실 벽을 토벽으로 마감하기도 한다. 술집

화장실은 때가 잘 타기 때문에 물을 뿌려서 청소할 수 있도록 방수 처리한 벽체를 세워야 하고 많은 양의 물이 잘 빠져나가도록 커다란 배수구를 설치해야 한다.

가게를 새로 열 때는 반드시 직접 도면을 그려봐야 한다. 음료를 준비하고 설거지를 하는 곳의 위치는 물론, 주방과 홀의 통로 폭이며 테이블의 크기, 내장재 종류에 이르기까지 반드시 직접 공부하면서 요구사항을 구체화해 나가야 한다. 그래야 '이거다!' 하면서 만족할 만한 가게를 오픈할 수 있다. 아무리 음식점 내부 설계 경험이 많은 디자이너를 고용한다고 해도, 내가 머릿속에 떠올리는 이상적인 이미지가 그 사람의 '상식'과 동일할 것이라고 장담할 수는 없다.

시부야에 있는 우리 가게의 경우 주방 통로 폭이 55cm다. 일반적으로는 60~70cm 정도로 설계하는데, 나는 폭을 조금 줄여서 손님이 앉는 자리를 넓혔다. '통로 폭이 60cm 미만이면 냉장고 문이 완전히 열리지 않는다'라고 조언해준 사람도 있었지만, 식재료를 꺼낼 수 있는 공간만 나온다면 나머진 상관없었다.

한편, 테이블은 폭이 110cm 정도면 보통 4명 정도가 앉을 수 있는데 나는 140센티로 넓혔다. 이렇게 하면 한쪽에 3명씩, 총 6명이 앉을 수 있다. 게다가 이자카야에서는 듬성듬성 앉기보다는 손님끼리 서로 조금씩 닿는 정도로 앉는 것이 더욱 훈훈하고 흥이 넘치는 분위기를 연출하니 매상을 올리는 관점에서 보면 일거양득이다.

고재•와 창호 같은 내장재를 선택할 때에도, 건축 재료를 파는 곳에 가서 자세히 살펴본 뒤 디자이너에게 구체적으로 원하는 재료를 설명할 수 있어야 한다. 재료에 대해 어느 정도 지식을 쌓고 접근하면, 3만 엔 정도 들 것도 1만 엔 정도에 해결할 수 있을 만큼 비용을 절감할 수 있다.

물론 너무 싼 재료만 찾는 것도 금물이다. 대표적으로 카운터용 목재를 고를 때 비용을 낮추려고 표판(表板, 합판의 겉면에 붙이는 얇은 판재)을 덧댄 합판을 사용하면 나중에 오히

● 古材, 지어진 지 50년 이상 지난 건축물을 해체하는 과정에서 얻어지는 재활용 가능한 목재: 옮긴이 주

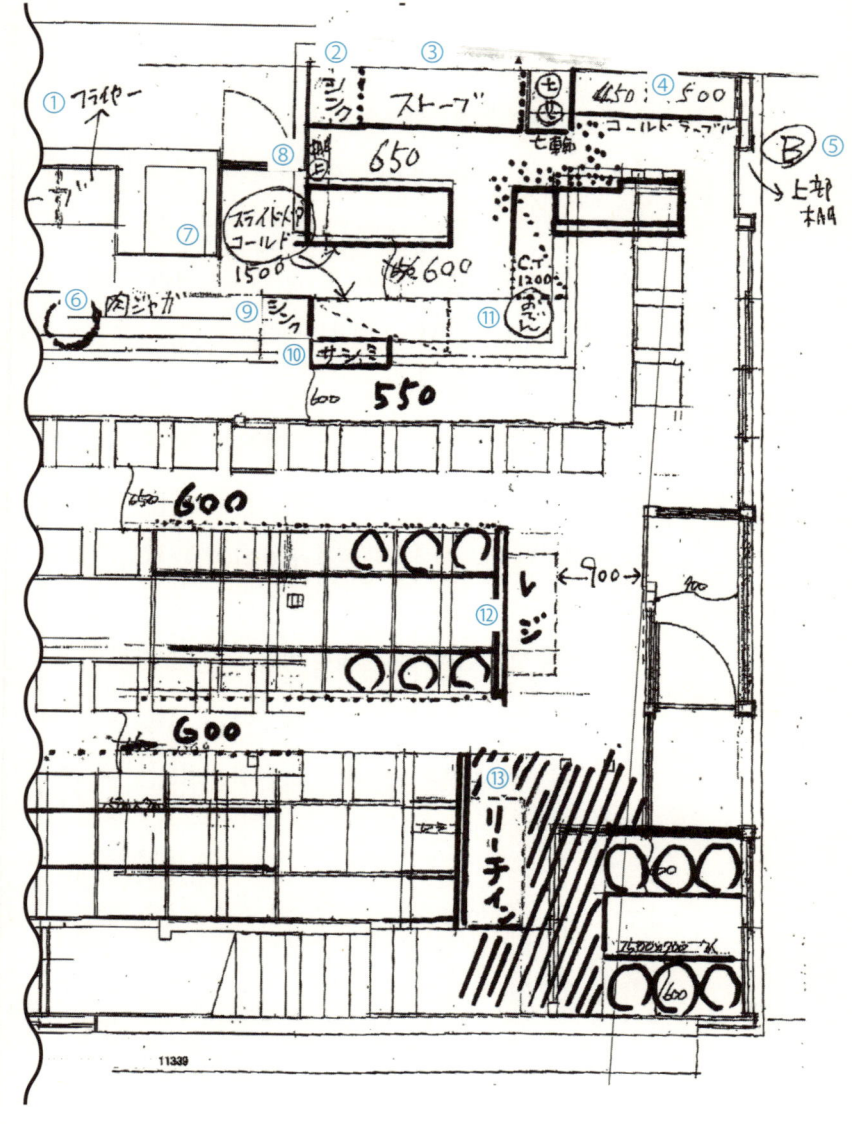

① 튀김기
② 개수대
③ 주방용 스토브
④ 콜드 테이블(테이블형 냉장고)
⑤ 찬장
⑥ 고기감자조림
⑦ 미닫이형 콜드 테이블
⑧ 찬장
⑨ 개수대
⑩ 생선회
⑪ 어묵
⑫ 계산대
⑬ 쇼케이스 냉장고

❖ 도쿄 마치다(町田)에 위치한 점포를 리모델링할 때 사용했던 1층 도면 중 일부. 어묵과 생선회를 담는 냉장 쇼케이스의 위치와 통로의 폭까지 세세히 적어놓았다.

려 더 큰 비용이 들어갈 수도 있다. 얼룩이 묻으면 닦아도 자국이 남으니, 결국에는 완전히 들어내고 다시 설치해야 할 수도 있기 때문이다. 이와 반대로 원목은 얼룩이 묻어도 닦아내기 쉽고, 오염이 심해도 표면을 살짝 깎아내기만 하면 되기 때문에 유지하는 데 그렇게 많은 돈이 들어가지 않는다. 10~20년 운영할 생각으로 어떤 것은 좋은 품질로 제작하고 어떤 것은 값싼 소모품으로 채울지 구분할 수 있어야 한다.

생선회를 보관하는 냉장 쇼케이스도 시중에 나와 있는 제품은 너무 커서, 생선회뿐만 아니라 야채까지 같이 넣어 놓는 가게를 자주 본다. 이렇게 해서는 손님에게 좋은 인상을 주기 어렵다. 그래서 우리 가게에서는 이보다 작은 케이스를 특수제작해서 사용하고 있다. 그럴 필요까지 있나 싶기도 하겠지만, 이렇게 하면 항상 케이스 안에 생선회를 꽉 채워 넣을 수 있으니 그만큼 손님들에게 재료 관리에 철저하다는 이미지를 심어줄 수 있다.

가게 내부 디자인과 소재까지 직접 챙겨야 한다니 꽤 부담스럽게 여겨질 수도 있지만, 일단 조금씩 하다 보면 새롭게 열고자 하는 가게의 이미지가 머릿속에 점점 구체적으로 그려지고 흥미가 생겨날 것이다. 그리고 이는 결국 영업력 향상에도 도움이 된다.

실패하지 않는 동네 식당 만들기

리모델링으로
근본까지 뜯어고칠 수는 없다

　매상이 늘지 않아 고심한 끝에 가게 내부를 리모델링했다는 이야기를 종종 듣는다. 그런데 인테리어 직후에는 매상이 좀 오르더니, 다시 점점 떨어지기 시작해서 고민이라고 하는 사람도 주변에 적지 않다. 가게 내부를 뜯어고친 것 외에는 아무것도 달라진 게 없으면 손님들은 금방 싫증 낼 수밖에 없다. 리모델링은 매상을 높이기 위한 여러 방법 중 하나일 뿐이다.

　오픈한 지 30년 이상 된 시모기타자와 점포를 리모델링했을 때는 주방기구만 완전히 교체했고 인테리어는 전혀 손대지 않았다. 시모기타자와는 내가 처음 이자카야를 열었던 동네다. 극장이 있고 나름대로 매력적인 분위기 때문에 젊은이들의 열기가 가득한 이곳에 최근 들어 역 주변이 재개발되면서 새로운 가게들이 속속 생겨나기 시작했다. 나는 우리 가게의 역사를 경쟁 포인트로 삼았다. 아무리 인기 많은 가게가 들어선다고 해도 시모기타자와의 역사를 고스란히 담아낸 우리 가게의 분위기를 압도하지는 못할 것이라고 생각했다.

겉으로 보기에는 예전에 비해 달라진 게 없는 것 같지만 리모델링을 하고 나니 직원들의 의식이 확실히 달라졌다. 더욱 의욕적으로 일하게 된 것이다.

예전 즈방은 삼십여 년 전 가게 오픈 당시 기준으로 일하기 편하게끔 설계됐던 것이라 요즘 일하는 아이들에겐 불편했을 것이다. 따라서 동선 디자인은 전부 그 친구들이 원하는 방향으로 재설계했다. 그렇게 하니까 '우리 가게'라는 주인의식이 직원들 사이에서 자라났고, 요리를 만들어 파는 걸 더 재미있게 여기는 것 같았다. 장사 수완도 점점 더 늘었다. 이것이 바로 리모델링을 해야 하는 궁극적인 이유다.

리모델링한 뒤 월 매상이 150만 엔 정도 증가한 지점도 있다. 1, 2층을 합쳐 100석 이상인 규모 있는 곳인데, 오픈한 지 10년 이상이나 된 데다 일을 잘하던 점장이 독립을 하게 되어 이를 계기로 리모델링을 결정했다.

리모델링에는 한 달 반 가량이나 소요되었고 이를 위해 시부야에서 가게 하나를 낼 수 있을 정도의 매상이 줄어드는 걸 감수해야 했지만 새로운 기분으로 제대로 도전해보자는 생각으로 과감히 밀어붙였다.

가게 입구 분위기를 바꿨고, 화장실 칸 수를 늘려 손님들이 가게에 머무르는 동안 불편함이 없도록 했다. 다만, 가게를 리모델링했더니 손님이 늘었다고 하면 새롭게 일하게 된 점장이 서운할 수밖에 없다. 리모델링을 했기 때문이 아니라 점장이 그만큼 노력했기 때문에 매상이 늘어난 거라는 생각을 할 수 있게 해줘야 한다. 그래야 동기부여가 되고 경쟁력을 높일 수 있다.

따라서 매상 증가의 주요 요인을 점장의 능력과 노력 덕분이라고 느끼게끔 격려했고 그 또한 손님을 늘리는 방법을 최선을 다해 고민하고 실행에 옮겼다. 화장실을 더 자주 점검한다든지, 전화로 예약한 손님들에게 "맛있는 생선회를 준비해놓고 기다리겠습니다!"라고 친절히 응대하는 등의 적극적인 모습을 보여줬다. 이렇게 짧게 한 마디만 덧붙여도 듣는 사람 기분은 당연히 좋아질 수밖에 없다. 흰색 유니폼은 매일 깔끔하게 다림질해서 입었다. 이렇게만 해도 가게 분위기가 좋아지는 것은 물론이요, 매상에도 큰 영향을 미친다.

이렇게 서로운 점장은 전임자에게 절대 밀리지 않겠다는 굳은 의지로 선의의 '경쟁'을 했고 그 결과 월 매상도 늘어났다.

경쟁이라고 하기에는 조금 다른 상황이 펼쳐질 때도 있었다.

우리 가게에서 일하던 직원이 독립해서 가게를 내면 같이 일하던 다른 직원들이 적극적으로 일손을 보탠다. 인테리어부터 메뉴 설계에 이르기까지 가게를 새로 낼 때 해야 할 일들이 무엇인지 배울 수 있는 좋은 기회니 그렇게 하라고 나 또한 적극적으로 장려한다. 어떤 때는 가게를 오픈하기 전뿐만 아니라 오픈한 이후에도 도우러 가기도 한다. 심지어 독립한 아이가 오픈한 지 얼마 안 된 가게에 근처 우리 가게 점장이 도우러 갈 때도 있다. 위치상 새로 연 가게에 방문하는 손님 중 80% 정도는 우리 가게 점장도 알고 있는 사람들이었다. 그런데도 미소 가득한 얼굴로 일을 도와주는 걸 보면서 손님들은 '응? 저렇게 해도 괜찮은 건가?' 하고 의아해했을 게 분명하다.

독립한 뒤 차린 가게는 우리 가게보다 규모는 작아도 손님을 밀착 관리할 수 있다는 장점이 있다. 그리고 하루하루 매상이 곧 자신의 수입이니 주인도 필사적으로 노력한다. 이런 상대라면 우리 가게 점장이 오히려 위기감을 느낄 수밖에 없다. 한번 밀리기 시작하면 그때는 걷잡을 수 없이 격차가 벌어지게 될 거라고 말이다.

아무리 일을 돕는 과정에서 배우는 게 있다고 해도, 그곳에 가 있는 동안 원래 일하는 가게의 일손은 부족해질 수밖에 없다. 임시 아르바이트를 채용하면 되지만 그만큼 인건비 부담도 커진다. 그럼에도 불구하고 일을 도와주도록 장려하는 이유는 싸움에서 절대로 지지 않겠다는 이른바 '승부욕'을 불태울 기회를 주기 위해서다. 경쟁심과 승부욕을 강렬히 경험해보면 나중에 독립해서 자기 가게를 열었을 때

빠른 시일 내에 손님들에게 인정받을 수 있을 것이기 때문이다.

실패하지 않는 동네 식당 만들기

지방 음식점이 간과하기 쉬운 그 지역 고유의 매력

호쿠리쿠 신칸센*이 개통된 덕분에 도쿄에서 직통으로 2시간 반이면 도착할 수 있게 된 가나자와(金沢)는, '작은 교토'라 불릴 만큼 옛 성터와 유서 깊은 마을이 잘 보존되어 있어 수많은 관광객이 방문하고 있다. 하지만 신칸센 개통

* 北陸新幹線, 도쿄와 가나자와를 잇는 395km 길이의 고속열차 구간으로 1997년에 개통했으며, 이동 소요시간을 기존 4시간에서 약 2시간 30분으로 단축하였음: 옮긴이 주

당시, 가나자와에 사는 동종업계 친구는 '음식점이 점점 줄어들고 있어 큰일'이라고 이야기했었다.

솔직히 나는 그럴 만도 하다고 생각했다. 가나자와에는 적당한 가격에 먹을 수 있는 지역 향토 요리가 의외로 없었기 때문이다. 산지 해산물을 객단가 1~2만 엔 수준에 내놓는 고급 음식점은 있지만, 관광객들이 굳이 그런 데까지는 가지 않을 것이다. 예를 들어 홋카이도만 하더라도 라면이나 징기스칸˚처럼 비교적 부담되지 않는 가격으로 맛볼 수 있는 지역 음식이 꽤 있다.

사실, 내가 보기에 가나자와와 비슷하다는 교토 또한 음식에 한해서는 취약한 지역인 건 마찬가지다. 매년 엄청난 수의 관광객이 방문하지만 '교토에 오면 반드시 먹어봐야 할 것'이라고 할 만한 유명한 음식이 없다. 그래서 나도 교토에

- 일본식 양고기 구이르, 홋카이도의 대표적인 향토 요리 중 하나임: 옮긴이 주

가면 재미있는 사장님이 운영하는 이자카야에만 들른다.

더군다나 가나자와는 교토만큼 관광지로서의 저력을 가지고 있는 곳이 아니다. 그러니 여행객들을 음식으로라도 끌어들일 필요가 있다. 그리고 그들의 마음을 사로잡는 것이 고급 음식점은 아니라고 생각한다.

친한 친구가 살고 있어서 예전부터 가나자와에 갈 일이 자주 있었는데, 방문할 때마다 늘 흥미를 끄는 요리가 있었다. 바로 어묵이다. 방문객이 늘어나면서부터 인기 있는 어묵 가게는 문을 열자마자 만석이라 자리가 없었다. 언제 가든 두 번째 가게까지는 도저히 앉을 자리가 없고 세 번째 가게에 이르러서야 겨우 엉덩이를 걸칠 수 있었다. 주변에 다른 음식을 파는 가게들은 손님이 없어 썰렁한데 오로지 어묵 가게만 장사진을 이뤘다.

가나자와 어묵은 다른 곳에서는 본 적 없는 구루마부*가

● 車麩, 막대기에 감아서 구운 후 엽전 모양으로 자른 어묵: 옮긴이 주

들어있기는 했지만 뭔가 아쉬웠다. 그래서 나는 어묵에다가 가나자와의 특산물인 카가 야채*를 곁들여서 어필해 보는 것도 괜찮겠다는 생각을 했다.

카가 야채는 가격도 저렴하고, 현지에서는 익숙하게 접하는 먹거리다. 가나자와 사람들에게는 너무 흔한 재료여서인지, 카가 야채를 사용하고 있는 어묵 가게에서도 메뉴판에 '겐스케다이콘'**이라든지 '가나자와 잇폰후토네기'*** 같은 브랜드 이름을 굳이 표기해 두지는 않았다. 하지만 그러한 현지인들의 '일상'이 관광객들에게는 신선하면서도 독특한 매력으로 느껴지기 마련이다. 따라서 메뉴에 채소 이름

- ● 加賀野菜, 가나자와에서 재배하는 채소를 브랜드화한 것으로, 파, 연근, 무, 감자, 오이 등 15가지가 있으며 대부분 흔치 않은 생김새를 하고 있음: 옮긴이
- ●● 源助大根, 무의 일종으로 육질이 부드러워 어묵 요리에 자주 사용됨: 옮긴이 주
- ●●● 金沢一ㅈ太ねぎ, 파의 일종으로 줄기가 굵고 길며 육질이 부드러움: 옮긴이 주

을 잘 보이게 적어놓으면 그동안 몰랐던 현지인의 생활이 여실히 보이는 듯하여 관광객들도 무척 좋아할 것 같다.

음료도 마찬가지다. 가나자와는 금박(金箔) 제조로 유명한 지역이니, "첫 번째 술잔에는 가나자와 명물인 금가루를 뿌려드리겠습니다!" 하고 말하면서 직접 뿌려주는 것도 괜찮은 아이디어 같다.

가나자와는 동해에서 잡은 신선한 해산물로 유명하다. 가나자와에 있는 지인의 이자카야에 갔는데 메뉴에 생선회가 없길래 그 이유를 물었다. 그랬더니 주방장 겸 점장이었던 그 지인은 생선회는 고급요리 전문점에나 나오는 메뉴라서 이자카야에서는 취급하지 않는다고 했다. 고급요리 전문점에서 파는 생선회의 품질을 뛰어넘을 수는 없어서 이자카야 손님 중 그 누구도 생선회를 주문하지 않는다는 것이었다. 정말 그럴까? 한번 시도해보기로 했다. '가나자와의 부엌'이라 불리는 오미초(近江町) 시장에 가서 생선 다섯 종류를 샀다. 메뉴판에 생선 이름을 적어 넣고 그날 저녁부터 주문을 받아보도록 했다. 그러고는 저녁 8시경에 점장에게 전화를 걸어 "생선회 많이 팔렸어?" 하고 물어봤더니 한껏 흥분한 목소리가 들렸다. "세상에, 매진이에요!"

일상에서 늘 보는 식재료를 '흔하디흔한 것'으로 여긴 나머지, 타지에서 온 손님들에게 그것이 얼마나 매력적으로 보일 수 있는지를 간과한 것이다. 비단 가나자와뿐만 아니라 어느 지역에서든 관광객들을 즐겁게 해주고 싶다면 굳이 잔손이 많이 가는 음식을 준비할 필요는 없다. 현지인들이 매일 접하는 식재료가 외부에서 온 사람들에게는 가장 매력적인 콘텐츠다.

음식은 전 세계 어디서나 통한다! 해외로 진출해보자!

요즘 들어, 일본을 벗어나 해외에서 기회를 찾는 젊은 음식점 경영자가 늘고 있다. 나도 30여 년 전, 그러니까 40대였을 때 캐나다 밴쿠버에 가게를 연 적이 있다. 혈기왕성한 젊은이가 생전 처음 가본 곳에 정착해서 내 사업을 일궈나가야겠다고 마음먹는 건 너무나도 자연스러운 일이다. 일본과 전혀 다른 문화에 대한 호기심, 그만큼 무한한 가능성의 기대, 젊음을 담보로 한 무모함과 용기 등이 어우러져 과감히 도전하고 즐길 수 있는 것이다.

내가 당시 해외로 진출한 까닭은, 무엇보다도 **'어떤 지역에**

서든 음식점을 열 수 있다.'라는 것을 직원들에게 보여주고 싶었기 때문이었다. 당시 내 가게는 모두 도쿄에만 있었기 때문에 처음에는 홋카이도, 후쿠오카 등 국내 이곳저곳에서 적당한 자리를 물색했다. 밴쿠버는 가끔 여행으로 가봤던 곳이었는데 아내가 상당히 마음에 들어 했다. 영어가 능숙한 것도 아니고 아는 사람도 없는 곳이었지만, 미지의 땅이었기 때문에 더욱 도전해보고 싶은 욕구가 생겼다.

밴쿠버에 가서 처음 소개받았던 물건은 윗세대가 아파트인 20평짜리 공간이었는데, 원래는 신발가게를 했던 곳이라고 했다. 부동산 중개업자는 계약하게 되면 스프링클러를 설치해달라고 했다. 그래서 알겠다고 했는데, 알고 보니 내가 임차할 공간뿐만 아니라 그 위 아파트 모든 세대에 설치해달라는 이야기였다. 나는 너무 놀라서 곧바로 다른 지역을 알아봤다. 그런데 이번에는 법률상 자정 이후 주류 판매가 금지된 지역이었다. 한번은 손님이 이미 다 마시고 떠난 뒤인데도 12시 이후에 맥주잔이 테이블 위에 놓여 있었다는 이유로 주류 판매면허가 정지된 적도 있다.

내가 캐나다에 진출한 시기는 100~200명이 들어갈 수 있을 만큼 큰 일본음식점의 인기가 점점 시들해지고 있을 때였다. 이자카야는 아직 없었고 음식값은 비싼 편이었다. 예를 들어 젓갈 한 접시에 5캐나다달러(당시 1캐나다달러는 약 115엔의 가치가 있었다)나 했다. 그래서 나는 냉동식품을 사용해 단가를 1.5캐나다달러로 크게 낮췄다. 이렇게 음식 가격을 전체적으로 합리화하자 순식간에 많은 사람이 찾기 시작했다.

캐나다에서 자란 아이들도 하나둘씩 우리 가게에서 일하게 되어 자연스레 밴쿠버에 있던 가게를 그들에게 양도했다. 나는 지금도 그때 캐나다에 가길 잘했다는 생각이 든다. 요즘에도 종종 '해외에 일본음식점 거리를 만들려고 하는데, 참여해 보지 않겠느냐'라는 제안을 받는다. 다만, 이는 내가 원하는 게 아니다. 무엇보다도 두근거림과 설렘이 없다.

해외에 진출한 일본인 가게 중에서 나의 관심을 끄는 곳은 뭔가 흥미로운 것을 파는 음식점이다. 밴쿠버에는 샌드위치 전문점인 '서브웨이'의 일본 버전같은 음식점이 있다. 강판에 간 무, 고로케, 데리야키치킨 같은 것들을 선택해서 빵 사이에 끼워 먹을 수 있게 했는데, 손님이 많이 찾는 편이다.

음식은 전 세계에서 통용되는 상품이다. 해외에서 신발가게를 여는 것보다 음식을 파는 것이 사람들의 관심을 끌 확률이 훨씬 더 높다. 해외에 진출해서 음식점을 운영하는 젊은 사람들을 보면 여전히 내게 큰 자극이 된다.

제2장
손님을 미소 짓게 하는 가게

손님맞이 능력을 200% 키운다

경영지표보다 손님의 웃는 얼굴이 중요하다

음식점 경영지표 중에 FL(에프엘) 비율이라는 게 있다. Food는 식재료비를, Labor는 인건비를 의미하며 이 두 가지를 더한 뒤 매출액으로 나눈 것이 바로 FL 비율이다. 이 비율이 낮다는 것은 곧 이익률이 높다는 의미가 된다.

잘 알고 지내는 식당 주인과 이야기를 나눈 적이 있었다. 그 사람은 식당 경영과 관련한 공부를 열심히 하는 듯했다. FL 비율이 어떻다느니 하면서 비율을 더욱 낮춰야 한다고 했다. 하지만 온갖 전문용어를 동원하며 이러쿵저러쿵 말해봤자 FL 비율이 갑자기 개선되는 것은 아니다. **성과를 내고**

싶다면, 매일 현장에 나가 손님들과 직접 부딪쳐 가면서 어떻게 하면 그들을 즐겁게 해줄 수 있을지를 고민하는 것부터 시작해야 한다.

원래 나란 사람은 머리가 별로 좋지 않아서 조금만 어려운 용어가 튀어나와도 따라갈 수가 없다. 그래서 가게 운영 계획서를 작성할 때나 다른 일을 할 때도 젊은 사람들과 대화하듯 이해하기 쉽고 무겁지 않은 표현을 사용한다. 그렇게 하다 보면 가게를 찾아주는 손님들의 얼굴과 열심히 일하는 직원들의 모습이 자연스레 머릿속에 떠오른다. FL 비율 같은 경영지표를 기계적으로 다루는 사람들은 공감하기 어려울 것이다. 현장의 상황을 머리로만 이해하려 하지 말고 직접 부딪치며 몸으로 느껴봐야 한다. 그리고 이러한 생생한 실전 경험을 영업력으로 승화시켜야 한다.

앞에서 말한 지인의 가게에 갔더니 "오늘은 유동인구가 적어 한가하다."라며 "이번 달에는 평소 꽤 붐비는 역 앞도 작년 이맘때와 비교하면 유동인구가 90% 정도 줄었다."라고 했다. 그 이야기를 들은 나는 주변 상황이 그러하니 자기 가게도 한가하다는 게 당연한 이야기인가 하는 생각만 들었다.

주변은 주변이고, 내 가게와는 아무런 관계가 없다고 생각하자. 전반적으로 침체된 주변 가게들과는 달리 내 가게는 작년 같은 시기에 비해 매상이 120%나 올랐다고 말할 수 있으면 즐겁지 않을까. 이론적 숫자는 중요하지 않다. 현장에서 몸소 부딪쳐 가며 그런 즐거움을 추구하고 직접 느껴봐야 비로소 제대로 된 성과를 얻을 수 있다.

최근 역 앞 상권이 개발되면서부터 역에서 조금 떨어져 있는 지역은 상권이 무너지기 시작한다고 이야기하는 사람들이 많은데 모두 핑계일 뿐이다. 내가 보기에 역 앞 분위기는 대기업의 이자카야 체인점이 번성하기 시작한 1990년대와 다를 게 없다. 역 근처에서 일하는 사람들은 접근성이 좋은 가게를 선호하겠지만, 그런 가게 중 반드시 들러서 먹어 보고 싶은 생각이 들게 만드는 집은 보이지 않았다.

모아놓은 돈이 별로 없는 직원들이 연 가게도 인기를 얻도록 내가 줄곧 구상해온 가게는 위치가 어디든 상관없이 역 앞에 있는 다른 가게의 유혹을 뿌리치고 올 만한 충분한 이유가 있는 곳이었다. 따라서 어떻게 하면 손님들이 더 자주 찾게 될지, 다른 가게가 하지 않는 것은 무엇인지를 밤낮으로 연구했다.

　우리 가게 목표는 전 직원의 독립이다. 그래서 모든 직원들은 매일같이 언젠가 독립하여 차릴 가게의 모습을 머릿속에 그려가며 일을 한다. 손님이 자기 가게의 문을 열고 들어오는 그 설레는 순간을 늘 상상한다. 특별할 것은 없다. 장사를 하기로 마음먹은 이상 당연히 가져야 할 마음가짐이자 태도다. 아무리 음식을 맛있게 만들고 가게 내부를 깨끗하게 관리한다고 해도, 이런 자세 없이는 대기업이 운영하는 이자카야를 뛰어넘을 수 없다.

　손님들의 얼굴을 늘 떠올리다 보면, 예컨대 채소절임을 좋아하는 단골손님이 가게로 들어오자마자 자연스럽게 "오늘은 가지로 채소절임을 만들어봤는데 드셔보시겠어요?"라고 말할 수 있게 된다. 꼭 최고급 프랑스 요리일 필요는 없다. 손님의 마음을 사로잡는 것은 소박한 채소절임 하나만으로도 충분하다.

　내가 커피숍을 운영했을 때는 단골손님이 오면 물수건과 함께 그 손님이 가게에서 자주 보는 신문을 기억하고 함께 가져다드렸다. 다른 가게도 많은데 일부러 내 가게를 찾아

준 것에 대한 고마움으로 나 역시도 사소하더라도 오래 기억에 남는 무엇인가를 확실해 해주고 싶었다. 이런 식으로 작지만 남과 차별화된 서비스를 제공하다 보면 매출도 분명 올라갈 것이다.

예전에 아들과 자주 가던 이자카야는 비가 새는 곳이 있어서 방수시트를 대곤 했다. 심지어 불판에 큼지막한 닭고기를 올린 다음 손님이 직접 구워 먹어야 했다. 그런데도 아들은 불평은커녕 "여기 끝내주는데요? 비가 새는 데도 좋네요."라면서 즐거워했다. 비록 시설은 허름했지만, 손님은 바베큐 파티에라도 온 것 같은 기분이 들어 색다른 즐거움을 느꼈던 것이다.

FL 비율보다 중요한 것은 손님의 웃는 얼굴이다.

탄탄한 기본기가 성공을 부른다

우리 아들이 유도선수였던 이노우에 코세이*와 이야기를 나누다 이렇게 물어보았다고 한다. "어떻게 그리 강해질 수 있었나요?" 그의 대답, "기본기 연습을 남보다 두 배 이상 했습니다." 음식 장사도 마찬가지다.

● 井上康生, 2000년 시드니올림픽 남자유도 금메달리스트로, 일본 유도의 살아있는 전설로 통함: 옮긴이 주

우리 가게에서 일하다가 독립하는 아이 중에는 활달한 녀석도 있고 말주변이 별로 없는 녀석도 있다. 성격이 다양하니 교육 방법도 그에 따라 달라질 수밖에 없다. 그러나 모두에게 공통으로 적용되는 중요한 한 가지는 청소와 인사 같은 최소한의 기본기다. 예컨대, 가게 앞을 청소할 때는 좌우 양쪽에 있는 이웃집 앞까지 청소한다든지, 손님이 들어오는 소리가 나면 직원 모두가 그쪽을 바라보며 인사한다든지 하는 것들이다. 손님은 여러 직원의 시선이 자신에게 집중되면 대접받는 기분을 느끼게 마련이다.

이것 외에도 '더 좋은 방법이 없을까.' 하고 아예 운영을 점장에게 전적으로 위임한 곳도 있었다. 그랬더니 매상이 더욱 개선되어서, 점장 회의 시 다른 점장들과 접객 노하우를 공유하기도 했다.

그 노하우 중 하나를 공개하자면, 고기감자조림에는 얇게 자른 바게트 여섯 장을 곁들이는 게 원칙인데 손님이 세 명인 테이블에는 우선 세 장만 낸다. 손님이 바게트를 다 먹었다 싶으면 "다 드신 것 같아서 조금 더 드리겠습니다." 하면서 나머지 세 장을 더 가져다주면 처음부터 여섯 장을 다주는 것보다 반응이 좋더라는 것이다. 누구든지 내일부터 당장 실행에 옮길 수 있는 이런 접객 노하우가 정말 중요하다고 생각한다.

우리 집에서 독립한 아이는 가게를 그만두기 직전에야 비로소 그때까지 지시를 받으면 별다른 고민 없이 그저 시키는 대로 일해왔다는 사실을 깨달았다고 했다. 예를 들어 요리를 네 등분으로 나눠 손님에게 가져다드리라고 하면 그때는 그냥 그런가 보다 했는데, 지나고 나니 손님이 네 분이라 네 등분으로 나누라고 했다는 것이 보이더라는 것이다. 음식점에서는 당연한 서비스라 별생각이 없던 부분이 독립할 준비를 하면서 어떻게 해야 손님을 기쁘게 해줄 수 있을까를 진중히 고민하게 되었고, 그 과정에서 이런 생각에 이르게 됐다고 했다.

무엇을 해야 손님들을 기쁘게 해줄지 구상할 때는 가장 먼저 직원과 손님 사이에 있을 수 있는 보편적인 상황을 떠올린 뒤, 손님 입장이 되어 어떤 서비스를 원할지 상상해보는 것이 도움이 된다.

예를 들어, 손님이 젓가락을 바닥에 떨어뜨려서 새것이

필요할 때에는 손님 앞쪽의 카운터에 서 있던 직원과 서빙을 보는 직원이 동시에 가져다주면서 "이 중에서 마음에 드는 걸 선택해주세요."라고 하는 것도 좋은 아이디어다. 오차와리●만 몇 잔 연거푸 마시는 손님이 있으면 잔이 비기 전에 다시 채워주는 것도 생각해볼 수 있다. 손님이 추가 주문하려고 손짓을 하면 지체없이 다가가 '오차와리 더 필요하시죠!'라고 하면서 다시 가득 채워주는 센스를 발휘하는 것이다.

벤치마킹 차원에서 인기 많은 가게를 직원들과 함께 방문하기도 하는데, 가게를 나올 때 직원들이 "흠, 그다지 특별한 게 없는데요?"라고 평가하곤 한다. 그러면 내가 "자, 그럼 특별한 게 없는데 왜 인기가 많은 걸까?" 하고 물으면 자기도 바로 그게 궁금하다고 대답한다.

손님의 시선에서 바라보면 왜 인기가 있고 없는지를 더욱

● お茶割. 녹차에 우롱차 또는 술을 섞어 만든 음료: 옮긴이 주

세밀하게 분석할 수 있다. '음식을 그릇에 무신경하게 막 담았다 싶었는데, 혹시 손님들은 그릇에 담긴 모양보다는 넘칠 정도로 수북이 담긴 걸 좋아하는 걸까?' 하고 말이다. 예나 지금이나 손님들은 술을 '넘치게' 따라 주는 걸 좋아하니 음식도 마찬가지일지도 모른다.

젊은 사람일수록 남들이 이미 하는 걸 똑같이 하고 싶지는 않다고 생각하는 경향이 강하다. 그러나 남들이 많이 하는 것이 결국 손님이 좋아하는 것이고, 손님이 좋아하는 걸 하는 것은 인기를 얻기 위한 '기본기'다. 기본기는 절대 중간에 싫증 내는 일 없이 부단히 실행해서 철저히 내 것으로 만들어야 한다.

'어떤 메뉴로 하시겠습니까?'는 손님들에게 해서는 안 되는 말

딸아이가 양복점에서 아르바이트를 한 적이 있는데, 손님들에게 "참 잘 어울리시네요."라고 하면서 아무리 듣기 좋은 말로 제품을 권해 봐도 선뜻 구매로까지 이어지지는 않았다고 한다.

가게에 들어온 손님이 반드시 물건을 구입하는 건 아니다. 그렇게 따지면 우리처럼 음식점을 운영하는 사람들은 좋은 환경에서 사업을 하는 셈이다. 가게에 들어온 손님은 무엇인가를 먹고 마시려고 온 것이니 반드시 지갑을 연다. 이런 이유로 나는 음식점을 하면서 왜 매상을 못 올리는지

도저히 이해할 수가 없다.

내게 자문을 구하는 가게에 방문해서 내부를 살펴보다가 어묵 냄비에 뚜껑을 덮어둔 것이 눈에 띄었다. 이유를 물으니, 별로 팔리질 않아서 어묵을 소량만 냄비에 넣어두었는데 그게 뜨 보기에 별로라서 아예 뚜껑을 덮어놓았다고 했다. 뚜껑을 열어보니 과연 커다란 냄비에 어묵이 달랑 몇 개 들어있는 것이 보기 좋지 않았다.

이해가 잘 가지 않았다. '어묵' 하면 어떤 그림이 떠오르는가? 냄비 안에 먹음직스러운 어묵이 한가득 있고 거기서 모락모락 김이 나는 장면 아닌가. 어묵 생각이 없다가도 발길을 멈출 수밖에 없는 이 광경을 잘만 활용하면 손님을 가게 안으로 유인할 수 있는 최고의 무기가 될 수 있을 텐데 이렇게 꼭꼭 숨겨놓고 있으니 팔고 싶은 마음이 없다고 대놓고 표현하는 것이나 마찬가지다. 냄비 안에 넣어둔 게 별로 없으면 바닥에 돌이라도 넣든지 해서 깊이를 얕게 하면 어묵이 수북이 쌓여 있는 것 같은 착시효과를 연출할 수 있고 보는 사람의 식욕을 자극할 수 있다.

어묵을 팔고자 하는 마음이 있다면, 메뉴판 옆에 어묵 전용 주문표를 비치하는 것도 고려해볼 만하지 않을까. 꼬치 한 개에 150엔 선에서 상품목록을 만들어 손님이 종류별로 원하는 개수를 기입하게 하는 것이다. 그리고 목록 맨 아래에는 모둠어묵 같은 것도 적어놓고 말이다. 이렇게라도 하는 것이 냄비만 놓고 아무것도 하지 않는 것보다는 백배 낫다.

내가 운영하는 가게 중 한 곳에서 추천 메뉴가 적힌 종이를 꽂아두는 통에 시험 삼아 어묵 전용 주문표도 같이 넣어 보았다. 그랬더니 무를 이용한 어묵 꼬치가 하룻저녁에 20개나 팔렸다. 게다가 손님들은 일반적으로 어묵을 한 개만 먹고 끝내지 않고 모둠어묵 같은 것을 연달아 주문한다. 장사는 이렇게 해야 하지 않을까.

손님에게 물수건을 가져다 드릴 때 "오늘 어묵이 진짜 맛있어요."라며 추천해보자. **손님은 가게에서 일하는 사람이 맛있는 요리를 추천해주기를 바란다.** 우리 가게에서 일하는 아르바이트생 중에 열아홉 살인 여자아이가 있는데, 손님이 오면 물수건을 건네며 "오늘은 불똥꼴뚜기가 맛있어요!"라며 늘 제철 식재료를 추천했다. 그랬더니 손님이 열 명이면 열명 모두가 추천받은 메뉴를 주문했다. 물수건을 가져다주는 그 순간은 손님들에게 자연스레 말을 건넬 수 있는 둘도 없는 기회다. 반드시 활용해야 한다. 일단 손님이 메뉴판을 뚫어지게 보기 시작한 다음에 추천하면 별로 효과가 없다.

그날 제일 맛있는 메뉴를 추천하면 되니 이자카야의 대표 메뉴인 생선회의 경우 굳이 다양한 종류를 구비해 놓을 필요가 없다. 보통은 선택의 폭이 넓을수록 매출을 올리기 쉬울 것이라고 생각해서 손님들에게 다양한 메뉴를 보여주려 한다. 품목을 골고루 갖춰놓으면 그만큼 많이 팔 수 있을 것 같지만 실은 그렇지 않다. 그날 제일 맛있는 식재료를 몇 가지 추려서 "오늘은 잿방어가 진짜 맛있으니 한번 드셔보세요!"라는 식으로 구체적으로 추천해야 손님들도 한 번쯤 먹어 보고 싶다는 생각을 하게 되는 법이다.

초밥집에서도 마찬가지다. 막연히 "무얼 만들어 드릴까요?"라고 하지 말고, 가게 주인이 직접 "오늘은 조개가 맛있습니다!"라고 직접 추천해줘야 손님도 한껏 기대하고 주문할 수 있다. 추천까지 받았는데 주문하지 않는 손님은 거의 없다. 생선가게에 가서도 "오늘은 바지락이 참 괜찮아요."라는 이야기를 들으면 자연스레 그걸 구입하게 되는 것처럼 말이다.

나도 점원이 "무엇으로 주문하시겠습니까?" 하고 물어보면 그 집에서 만드는 음식 수준에 의심이 간다. 가장 자신 있는 이른바 간판 메뉴가 있다면 그것부터 추천하지 그렇게 막연하게 물어보지는 않을 거라는 생각 때문이다.

내가 운영하는 가게 중 한 곳에서 사오마이●를 취급한 적이 있는데, 점장을 했던 아이는 주문을 받고 나서야 나무통에 넣고 찌기 시작했다. 사실 말도 안 되는 일이었다. 가게의 대표 메뉴니만큼, 일정량을 미리 쪄놓았다가 손님이 주문하면 곧바로 나무 찜통 뚜껑을 열어서 "몇 개 드시겠습니까?" 하고 물어보는 게 당연하다. 그렇게 하면 몇 개를 쪄놓았든 순식간에 다 팔 수 있다. 요코하마 차이나타운에 갈 때면 항상 사오마이를 먹고 싶다는 생각이 드는 이유가 바로 큼

● 딤섬의 일종으로, 밀가루 반죽에 다진 돼지고기를 넣고 꽃 모양으로 빚은 뒤 쪄서 만든 것: 옮긴이 주

직한 나므통에서 김이 잔뜩 피어오르는 모습이 눈에 띄기 때문이다. '다 쪄질 때까지 10분 정도 기다려야 한다.'라고 하면 그 긴 시간 동안 누가 참을성 있게 기다리겠는가.

어떤 것을 팔든, 손님에게 "무엇을 드릴까요?"라고 묻는 것은 반드시 삼가야 한다. 손님 다섯 중 넷은 가게 직원이 추천하는 물건을 사기 마련이다. 나는 그렇게 믿는다.

실패하지 않는 동네 식당 만들기

손님의 마음을 사로잡는 아이디어는
누구든 낼 수 있다

"왜 저희가 꽃 이름과 꽃말까지 알아야 하나요?" 내가 도움을 주는 이자카야 직원들에게 가게에 가져다 놓은 꽃을 조금 더 활용하라고 했더니 모두 어리둥절해하며 이렇게 물었다.

이 가게는 며칠에 한 번씩 예쁜 꽃을 사다가 꽂아두었다. 본점뿐만 아니라 여러 체인점에서도 정기적으로 꽃을 구입했기 때문에 꽃값만 매월 몇만 엔씩 들었지만 장식용 그 이상도 이하도 아니었다.

음식점이 손님에게 어필할 수 있는 것이 오로지 '요리'만이 아

음식점이 손님에게
어필할 수 있는 것이
오로지 '요리'만이 아니다.

가게 안에 있는 모든 것을
총동원해서라도
손님의 마음을
사로잡아야 한다.

니다. 가게 안에 있는 모든 것을 총동원해서라도 손님의 마음을 사로잡아야 한다.

옛 성터 주변에 위치한 그 가게는 지역 특유의 화려한 꽃꽂이 문화를 가게 인테리어에 활용하고 있다. 그래서 꽃집에서 배달되어온 꽃을 화병에 가지런히 꽂아두고 있다. 하지만, 점원들에게 꽃 이름을 물으면 잘 모른다는 대답만 돌아올 뿐이다. 참 안타까운 일이다. 차라리 화분 옆에 작은 칠판이라도 하나 가져다 놓고 거기에 '오늘의 꽃은 꽃도라지입니다.'라는 식으로 적어두기라도 하면 좋을 텐데 말이다. 꽃말도 같이 적어두면 금상첨화다. 이렇게 하면 그냥 꽂아둘 때보다 훨씬 더 수월하게 손님의 관심을 끌 수 있을 것이다.

꽃 이름을 외우면 손님이 왔을 때 "가게 입구에 있는 꽃 참 예쁘지 않나요? 혹시 저 파란 꽃의 이름이 뭔지 아시나요?" 하면서 자연스럽게 말을 건넬 수 있다. 꽃을 세 가지 이상 함께 꽂아놓았을 때는 "꽃 이름을 모두 맞추시면 술 한 잔을 공짜로 드리겠습니다!"라고 하면서 즉석에서 작은 이벤트를 열 수도 있다.

가게에서 차를 타고 조금만 이동하면 양조장이 있는데,

양조장이 위치한 곳이면 어디든 그렇듯이 술 빚는 데 사용되는 아주 맑은 물이 인근 지역 곳곳에서 샘솟는다. 물이 좋은 주변 환경을 잘 이용해 술을 마시는 손님에게 이 물을 서비스하면 어떻겠냐고 가게 주인에게 제안했다. 물을 술통에 부어놓고 국자로 떠서 유리잔에 담아주거나, 돔 페리뇽 같은 고급 샴페인 병에 넣어서 따라주는 것이다. 어떤 방식으로든 참신한 서비스를 제공하면 그만큼 손님들은 즐거워할 것이다.

이런 소소한 서비스가 매상을 끌어올리는 데 당장 도움 되지는 않겠지만, 손님들에게 '세심한 것까지 신경 써주는 가게', '재밌는 가게'라는 좋은 인상을 심어줄 수 있다. 이렇게 하면 아무것도 안 할 때보다는 손님 다섯 명 중 한 명, 아니 열 명 중 한 명이라도 단골손님이 될 확률이 높아진다. 작은 아이디어라도 꾸준히 구상하고 적용해나가다 보면 머지않아 손님의 마음을 사로잡을 날이 찾아올 것이다.

예전에 한 개그맨이 양조장 투어 가이드로 나온 방송을 본 적 있다. 어떻게 하면 관광객들에게 효과적으로 설명할 수 있을까 고심하며 그가 직접 대본을 썼다고 했다. 투어를 본격적으로 시작하기 전에 그는 인사하며 이렇게 말했다. "여러분, 공짜 술을 드시고 싶어서 굳이 이렇게 먼 곳까지 와주셔서 감사합니다." 순식간에 웃음바다가 됐다.

'양조장에 공짜 술을 마시러 왔다.'라는 한마디가 참여했던 사람들의 속마음을 콕 찔러 웃음보가 터지게 했다. 손님을 미소 짓게 만드는 데 복잡하고 어려운 이야기는 필요 없다. 이렇게 단순한 한 마디면 충분하다. 물론 개그맨처럼은 할 수 없겠지만, 유머러스하고 위트 있는 대화는 이자카야에서도 꼭 필요하다.

도쿄에서 온 한 손님이 지방에 있는 이자카야에 들러서는 이 동네에서 제일 재밌는 가게가 어디냐고 물은 적이 있다. 고급 음식점의 경우와 달리, 손님들이 이자카야에 기대하는 것은 '맛있는 음식'이 아니라 '재미와 즐거움'이라는 사실을 새삼 깨달았다.

재밌는 곳으로 인식되려면 어떻게 해야 할까. 직원들이 개그맨처럼 사람들을 웃길 수 있어야 할까. 아니다. 어렵게 생각할 필요가 없다. 서비스든 요리든 웃음을 줄 수 있는지를 테스트해볼 수 있는 첫 대상은 자기 자신이다. 우선 본인이 봤을 때 재미있다고 생각되는 서비스 방식이나 메뉴를 구상해 보면 좋다다만, 본인에게 재밌더라도 과연 손님들도 재미있어 할지도 객관적으로 잘 따져봐야 한다.

단골 초밥집에 갔던 어느 날이었다. 데킬라를 좋아하는 딸아이가 "데킬라 없어요?" 하고 묻자, 가게 주인은 그 말을 듣기가 무섭게 점원을 시켜 사왔다. 그다음부터는 딸아이가 가게에 오면 "아, 디저트 있습니다. 디저트 있어요!"라고 하면서 주방에서 바로 데킬라를 내왔다. 손님이 흡족해하는 모습을 보는 것이 이 가게의 목표 중 하나인 게 틀림없다.

요즘 초밥집에 가보면 데킬라를 마시는 손님들이 눈에 많이 띈다. 가게 주인이 책정한 가격 체계도 참 재미있다. 첫 잔은 몇백 엔밖에 하지 않는데 두 번째 잔은 천 엔, 세 번째 잔은 2천 엔으로 가격이 급상승한다. 술을 마시고 기분이 좋아지면 가격에 둔감해지리라고 생각하고 고안한 아이디어다.

아이디어를 낸다고 전부 성공하는 건 아니지만, 본인이 생각했을 때 재밌는 것을 모조리 실행하다 보면 몇 번쯤은 손님을 활짝 웃게 만들 수도 있다. 성공도 달리 방법이 있겠는

가. 경험을 조금씩 착실히 쌓아가는 것이 중요한 것 같다.

오늘날 인기 있는 개그맨 중에는 만담이든 콩트든 뭘 해도 웃기지 않았던 신인 시절을 보낸 사람들이 적지 않다. 하지만 엄청나게 많은 아이디어를 내고 실패를 거듭하면서 점차 사람들의 마음을 사로잡을 개그 소재를 찾아낸 것이다.

인기 많은 개그맨은 무궁무진한 이야기 보따리를 가지고 있다. 우리도 주변에서 일어나는 일을 주의 깊게 살펴본다든지 책을 읽는다든지 하면서 작은 이야깃거리들을 얼마든지 보따리에 채울 수 있다. 그렇게 준비해 둔 이야기들은 언제든 기회가 될 때 펼쳐져 금방 분위기를 유쾌하게 만들 수 있을 것이다.

가게의 매력을 한껏 뽐낼 '무대'를 설계하라

우리 가게는 손님이 들어오면 바로 정면에 카운터 뒤쪽에서 일하는 직원들의 모습을 볼 수 있도록 설계되어 있다. 카운터 뒤쪽, 즉 '무대'에서 열심히 일하는 직원들의 아름다운 모습을 손님들에게 보여주는 것이 매우 중요하기 때문이다.

손님이 가게 문을 열면 곧바로 '무대'에 서 있는 직원과 눈이 마주치고, 직원들은 아무리 바빠도 손을 들고 "어서 오십시오!" 하고 반갑게 맞이한다. '무대'에서 열정적으로 일하는 모습은 손님들에게 좋은 인상을 심어주기 충분하다. 이렇게만 해도 가게가 주는 매력에 흠뻑 빠져들게 할 수 있다.

전통여관에서는 손님이 도착하면 늘 여주인이 깔끔히 정돈된 현관까지 마중 나와 공손히 인사한다. 민박집 주인아저씨도 "다행히 잘 찾아오셨네요."라고 하면서 친절히 맞이한다. 도착하자마자 이런 대접을 받으면 '아, 여기 오길 잘했다.'라는 생각이 절로 들게 마련이다. 음식점도 마찬가지다.

점포를 새로 열 때마다 설계를 도와주는 사람과 함께 한잔하다가, 호주 시드니에 있는 엄청나게 멋있는 바에 다녀온 이야기를 들었다. 길을 잘못 들어섰나 싶을 만큼 폭이 좁은 꼬부랑길을 한참 따라가다 보니 어느새 눈앞에 큼지막한 철문이 보였다고 한다. 문 앞에 서있던 안내원으로 보이는 한 아저씨가 문을 열어줘서 들어갔더니 다소 오래돼 보이던 외양과는 180도 다른 별천지가 펼쳐져 있었다 한다. 나도 그런 콘셉트의 가게를 연 적이 있었는데, 음식점에는 이러한 일종의 '무대장치' 또는 '마법'이 가미될 필요가 있다. 하지만 대형 체인점은 손님 응대법은 물론이요, 인사할 때 고개 숙이는 각도까지 매뉴얼화되어 있다. 이런 방식으로는 손님을 매료시킬 수 없다.

고급 음식점인 '기쿠노이[*]'에 초대받은 적이 있었다. 뭔가

손님을 미소 짓게 하는 가게

를 배워야겠다는 생각으로 가게 직원들의 움직임을 유심히 살펴보았다. 한 가지 눈에 들어왔던 것은 요리가 완성되면 주방장이 반드시 손님 바로 앞에 서서 내어준다는 점이었다. 손님의 마음을 향해 곧바로 다가가는 느낌이 들었다. 이런 모습은 우리 가게 같은 이자카야에서도 참고할 만하다.

손님 한 사람 한 사람을 진심으로 대하려고 해도 일이 바쁘다 보면 자칫 소홀해지기 쉽다. 예를 들어, 추운 겨울날 손님이 방문했을 때 평소와 똑같이 "어서 오십시오!"라는 인사를 듣는 것과 "이렇게 추운 날에도 찾아주셔서 너무 감사합니다."라는 인사말을 들었을 때의 느낌은 확연히 다를 것이다. 물론, 매일 눈코 뜰 새 없이 분주하면 그런 말을 꺼낼 여유조차 없을 수 있다. 하지만 기껏해야 2~3초밖에 안 걸리는 말 한마디를 아낄 것인가? 직원들이 그냥 인사를 할

● 菊乃井, 1912년 교토에서 영업을 시작한 일본요리 전문점: 옮긴이 주

때도 감사하는 마음을 담고 있겠지만, 짧은 시간을 투자해 감사의 마음을 더 효과적으로 전할 수 있다면 당연히 그러는 게 맞다.

생선회와 어묵이 맛있게 보이도록 '무대'를 연출하는 것도 매우 중요하다. 고급 음식점에서 새하얀 유니폼을 차려입은 주방장이 나무상자에서 재료를 꺼내는 모습만 봐도 "와, 진짜 맛있겠다!"라는 감탄사가 절로 나오면서 음식에 대한 기대감이 점점 커진다. 마찬가지로 이자카야에서도 이런 '무대'는 필요하다.

가게에 들어오자마자 무대가 잘 보이도록 내부를 리모델링한 가게는 그전보다 매출이 크게 늘었다. 큼지막한 어묵 냄비를 카운터 쪽에 떡 하니 내려놓았는데, 손님이 가게 문을 열었을 때 이곳이 무엇을 파는 곳인지 바로 알 수 있게 하기 위해서였다. 이렇게 하니 어묵도 술도 리모델링하기 전보다 세 배 이상 팔렸다. 우리 가게는 전문점이 아닌, 무엇이든 다 파는 이자카야다. 그렇다고 해도 가게 주력 메뉴가 무엇인지는 누가 보더라도 한눈에 알아볼 수 있게끔 하고 있다. 이렇게만 해도 단골층을 형성하는 데 효과가 있다.

손님을 미소 짓게 하는 가게

'이름표'가 이어주는
사람과 사람의 관계

도쿄 하마마쓰초(浜松町)에 괜찮은 점포 자리가 있다고 해서 보러 간 적이 있다. 신축 건물인데도 임대료가 무척 저렴했다. 여기에 가게를 내보지 않겠느냐고 권하기에, 저녁 7시쯤에 주변을 한번 둘러봤다. 근처 이탈리아 음식점에는 사람이 거의 없어서 아직 너무 이른 시간인가 싶었는데, 이자카야는 어느 곳이든 반 이상 자리가 차 있었다. 회사원이 많은 동네라서 역시 이자카야가 인기 있다.

하지만 그런 동네에서 손님은 대부분 남성 직장인들이다. 여성 직장인들은 대부분 조금 걷더라도 회사 사람들과 마주치지 않을 만한 곳에서 술 한잔하는 것을 좋아한다. 분명 매력적인 입지조건이기는 했다. 하지만, 우리 가게는 줄곧 여성들에게 어필하고 젊은 사람들이 선호하는 가게를 표방해왔기 때문에 '과연 가게 직원들이 양복 입은 남자들이 많은 곳에서 일하고 싶어 할까' 하는 생각이 들었다.

하마마쓰초나 신바시(新橋)처럼 직장인들이 많은 동네에서 매상을 올리기란 그리 어렵지 않다. 생선회를 예쁘게 담아서 저렴한 가격에 팔거나 직장인들의 고충을 잘 들어주면 된다. 하지만 그렇게 하면 객단가도 낮아지고, 가게 회전율을 높일 방법에만 골몰하게 되어있다. 이렇게 장사하는 건 우리 스타일이 아니었다.

우리 가게는 처음부터 줄곧 손님 한 사람 한 사람과 친분을 맺는 방식으로 운영해왔다. 요리를 팔아치우는 데에만 급급하지 않고, 손님을 즐겁게 해주고 자신도 그 과정에서 행복감을 느끼는 데 무게를 두었다. 손님과 재미있고 친밀하게 소통하며 돈도 벌 수 있는 일을 생업으로 삼아 평생 계속해나가면 좋겠다는 생각 때문이었다.

우리 가게에서 일하는 아이들은 모두 손님이 바로 알아볼 수 있는 큼지막한 이름표를 목에 걸고 있다. 이는 '점원'으로서가 아니라 한 사람의 개인으로서 손님에게 다가가기 위함이다. 손님 입장에서도 이름 모를 낯선 이에게 서비스를 받는 것보다는 이 편이 훨씬 낫다.

그 동네에서 가장 유명하다고 하는 이자카야에 가보면, 대개 푸근한 인상을 한 아저씨나 아주머니가 운영하는 정감 있는 곳인 경우가 많다. 메뉴라고 해봤자 생선회, 생선구이, 어묵밖에 없지만 손님들은 주인과 이야기를 주고받으며 즐거운 표정으로 술잔을 기울인다.

어떤 아주머니가 운영하는 찜 요리 전문점을 소개하는 TV 방송을 우연히 보게 됐다. 아주머니는 곰탕에 삶은 국수를 말고 그 위에 고추기름을 살짝 끼얹은 것을 해장용으로 내놓았다. 대형 프랜차이즈 음식점에도 비슷한 메뉴가 있기는 하다. 하지만 오래돼 보이긴 해도 말끔히 잘 정돈된 주방에서, 마음씨 좋은 인상의 아주머니가 세월의 흔적이 묻어있는 냄비로 끓여주는 곰탕에 비할 바는 못 된다. 아무리 메뉴판에 보기 좋게 적어놓아도 손님이 그걸 보고 반드시 주문할 것이라고 장담하긴 어렵지만, 아주머니가 "곰탕에 국수를 말면 해장으로 딱인데, 어때요?"라고 권하면 그걸 마다할 수 있는 사람은 거의 없을 것이다.

우리도 새로운 메뉴를 구상할 때는 항상 어떻게 해야 그런 아저씨, 아주머니가 운영하는 가게와의 경쟁에서 이길 수 있을지를 고민한다. 아이들이 독립해서 이제 막 개업한 가게는 단골손님도 없을뿐더러 음식 맛도 오래된 가게를 쉽게 뛰어넘을 수는 없기 때문이다.

그래서 우리는 손님들과 소통하는 데 도움이 되는 메뉴를 개발하려고 한다. 대표적인 예가 '아무튼 로제*'다. 손님 자리에 레드 와인과 화이트 와인을 담은 병을 가지고 가서, 손님이 보는 앞에서 두 가지를 섞는다. 화이트 와인이 순식간에 분홍색으로 변해가는 것이 매력적이기도 하고, "두 가지를 어느 비율로 섞을까요?", "몇 대 몇으로 섞는 게 맛있나요?", "7대3으로 섞으면 맛있어요."라는 식으로 자연스럽게

● Rosé, 레드 와인과 화이트 와인을 섞어 만든 장밋빛 와인: 옮긴이 주

대화를 이어나갈 수도 있다. 와인은 글라스가 아닌 컵에 따른다. 그래야 이자카야의 분위기에 어울리기 때문이다.

이 메뉴를 처음 개발했던 당시에는 화이트 와인과 레드 와인을 손님이 오기 전에 미리 섞어 놓는 직원들도 있었다. 그런데 이렇게 해서는 전혀 의미가 없다. 손님들이 어떤 부분을 재미있어 하는지, 음식을 어떻게 내놓아야 즐거움을 배가시킬 수 있는지 등을 머릿속에 그려볼 줄 아는 것이 매우 중요하다.

참고로 인스타그램에는 수십 년 전부터 만들어오던 우리 가게 명물 요리인 '고등어구이' 관련 게시물이 있다. 심지어 동영상이다. 손님들이 보는 앞에서 버너로 고등어를 구워 만드는 요리로, 고등어를 올려놓은 바란(생선을 그릇에 보기 좋게 담을 때 사용하는 얼룩조릿대 같은 잎사귀)이 탁탁거리며 타들어가는 소리가 일품이다. 생선을 굽는 동안 손님들은 즐거워하며 환한 미소를 보이고 가게 직원들과도 순식간에 거리를 좁혀나간다. 이제는 오래전에 독립한 아이들이 운영하는 가게를 포함한 여러 곳에서 이 메뉴를 취급하는데, 여전히 인기가 있는 모습을 보면 손님을 즐겁게 해줄 수 있는 요리는 어느 시대에든 통하는 게 아닌가 하는 생각이 든다.

최근에 독립한 아이들 중에는 가게를 계속 확장해 나가는 친구도 있고 해외에 진출한 친구도 있다. 정말 대단하다 싶다. 어떤 아이는 가게 직원이 부모님을 모시러 고향에 내려가야 한다는 이야기를 듣고, 그 동네에 가게를 낼 테니 직접 운영하면서 틈틈이 부모님도 간병해드리라고 했다고 한다. 참으로 훌륭한 녀석이다. 손님뿐만 아니라 직원들과도 끈끈한 인간관계를 맺고 있는 것 같아서 기분이 좋다.

우리가 장사를 하는 가장 큰 이유는 즐거운 인생을 위해서라고 해도 과언이 아니다. 따라서 가게를 확장해 나갈 여력이 안 되는 아이라고 해도 장사를 통해 얼마든지 풍요로운 인생을 살아갈 수 있다. 처음에는 10평짜리 작은 가게를 운영하다가, 그다음에는 조금 더 매상을 올릴 수 있는 15평짜리 가게를 새로 열어서 이 두 곳을 핫플레이스로 만드는 것이다. 나이 걱정없이 자기 가게에서 일하면서 손님들에게 오래도록 사랑받을 수 있다면, 그것이야말로 참으로 행복한 인생이 아닐까. 바로 그 점이 요식업의 매력이다.

우리말이 서투른
외국인 직원만의 '접객 능력'

요즘에는 편의점에서든 음식점에서든 외국인이 일하는 모습을 흔히 보게 된다. 다들 유창한 우리말(일본어)로 손님을 맞이하고 대화를 나눈다. 하지만 나는 음식점에서 손님을 직접 상대하는 외국인 직원들이 굳이 우리말을 잘할 필요는 없다고 생각한다.

우리 가게도 아르바이트 모집 공고를 내면 한국, 대만, 스리랑카 등 여러 나라에서 온 아이들이 원서를 내곤 한다. 주변에 있는 음식점들을 보면 우리말이 서툰 외국인 아르바이트생에게는 손님을 직접 대하지 않는 주방 일을 주로 맡기는 듯하다. 내가 보기에는 완전히 잘못된 인력 배치다.

우리말이 서투르다는 것은 단점이 아니라 어디까지나 그 친구 고유의 개성이다. 말이 유창하지 않다고 해서 문제될 것은 전혀 없다.

손님을 대할 때는 최소한의 의사소통만 할 수 있으면 된다. 여기에 자신만의 개성을 약간 드러낼 수 있다면 더욱 좋다. 접객용어를 억지로 외우게 하고 마치 현지인처럼 말할 것을 강요하는 순간, 되려 개성은 사라지고 서투름만 부각될 뿐이다. 직원이 외국인이라는 사실 하나만으로도 손님들의 관심을 끌기에 충분하다. 예를 들어, 스리랑카 말로 "어서 오십시오."라고 인사한 뒤 "이건 스리랑카어로 '어서 오십시오.'라는 뜻입니다."라고 설명을 덧붙이면 다들 재미있어 한다. 그리고 손님에게 다가가서 "오늘 제가 새로 외운 단어입니다."라고 하면서 그게 무엇인지 알려주기만 해도 얼마든지 즐겁게 대화를 이어갈 수 있다. '손님과 무슨 말을 해야 할지 모르겠다.'며 스트레스 받는 친구들이 꽤 있는데, 외국인 직원들은 오히려 그런 고민을 할 필요가 없다.

우리말이 서툰 외국인 직원 중에는 처음 손님을 맞이할

우리말이 서투르다는 것은
단점이 아니라
어디까지나
그 친구 고유의 개성이다.

말이 유창하지 않다고 해서
문제될 것은
전혀 없다.

때 어딘지 모르게 쭈뼛거리고 며칠이 지나도 나아지기는커녕 더욱 긴장한 얼굴을 하고 있는 경우가 있다. 유창하게 말하려고 하니 혹시 실수라도 할까 봐 그러는 것인데, 외국인이라 서툴 수 있다고 처음부터 손님들에게 양해를 구하면 될 일이다.

앞에서도 이야기했지만 우리 가게 직원들은 커다란 이름표를 목에 걸고 있다. 여기에 '스리랑카에서 왔습니다. 오늘이 아르바이트로 일하는 첫날입니다.'라고 적어놓은 것도 괜찮은 방법일 것 같다.

그리고 나서 "오늘 제가 외운 단어는 '가지'입니다."라고 말하면서 가지가 들어가는 요리를 메뉴판에서 가리키는 것이다. 맛있냐고 물어보면 우리말을 아무리 못해도 '맛있어요.' 정도는 대답할 수 있을 테니 손님이 그걸 주문할 가능성이 생길 수 있다. 물론, 형식적인 느낌을 주지 않도록 자연스럽게 대화를 나누는 게 중요하다.

메뉴판에 '참치'라는 단어가 보이면 스리랑카에서는 참치를 뭐라고 부르냐고 손님이 먼저 물어볼 수도 있다. 우리말을 그리 잘하지 않아도 이 정도의 대화는 별다른 문제 없이

손님을 미소 짓게 하는 가게

나눌 수 있다. 그리고 2~3개월 정도 후에 손님이 가게를 다시 찾았을 때 예전보다 우리말을 훨씬 잘할 수 있게 되었다면, "우리말이 엄청 늘었네요."라는 칭찬을 들을 수도 있다. 외국인이 읽거나 발음하기 어려운 메뉴명도 술술 말하거나 하면 말이다.

예전에 캐나다 밴쿠버에서 가게를 할 때 일본에서 아이들이 연수차 일하러 오곤 했다. 그런데 영어를 잘하지 못하는데도 현지 손님들에게 사랑받았다. 예를 들어 지금은 독립해서 이자카야로 대성한 한 친구는 영어를 정말 단 한 마디도 못했는데, 일본으로 돌아간 지 한참 지난 후에도 손님들은 "그 친구 잘 있어요?"하고 종종 근황을 묻곤 했다.

그 나라 말을 하지 못하더라도, 의례적인 '접객용어' 대신 진심이 담긴 자신의 언어로 손님을 대해야 한다. 그렇게 해야 편안한 분위기 속에서 손님들을 즐겁게 해줄 수 있다. 한국·대만·스리랑카 등에서 온 친구들 모두 저마다 뚜렷한 '개성'이 있고, 친절하고 붙임성 있게 행동하면 손님들은 자연스레 그 매력에 빠질 수밖에 없다. 그들은 우리에게는 없는 무기를 지니고 있기 때문에 이를 어떻게든 충분히 살리고 활용하는 것이 바람직하다.

한편 이런 일도 있었다.

나는 지금까지 책 두 권을 집필했고 한국어와 중국어로도 번역 출간했다. 내 책을 읽은 30대 한국인 부부가 나와 꼭 만나고 싶다며 비행기를 타고 날아온 적이 있다. 남편은 한국에서 이자카야를 열고 싶어서 그러니 우리 가게에서 경험을 쌓을 수 있게 해달라고 했다. 왜 우리 가게에서 경험을 쌓으려 하냐고 물었더니, 일본에 당분간 머무르면서 본토 이자카야 요리와 접객 요령을 배우고 싶다고 말했다.

그런데 그의 얼굴을 보니 긴장한 탓인지 웃음기라고는 전혀 찾아볼 수 없었다. 그래서 "조금 웃어보세요."라고 했더니 "아, 네."라고 하면서 부끄럼을 탔다. 우리말을 할 줄 아는 그의 아내를 통해서 대화했기 때문에 그때까지 그는 내 눈을 보지 않고 말했다. 대화를 시작한 지 10분 정도 지나 분위기가 조금 편안해지자, 나는 "그럼 처음부터 다시 해볼까요?"라고 말하고는 한국어로 말해도 괜찮으니 내 눈을 보고 '만나서 반갑습니다.'라고 한번 말해보라고 했다. 그제서야 나와 시선을 맞추며 한국어로 "만나서 반갑습니다."라고 했다. 나도 우리말로 "이렇게 와주셔서 감사합니다."라고 화답했는데, 이렇게 하고 나서야 비로소 그와 제대로 된 대화를 나눈 것 같았다.

언어가 서로 다르더라도 반드시 상대방의 눈을 보며 말해야 한다. "어서 오십시오!"라고 우렁차게 외쳐도 막상 시선은 다른 곳에 가 있으면 상대방은 환영받는다는 느낌을 받지 못한다. 별 것 아닌 듯해 보여도 이것이야말로 손님을 대하는 사람이 갖춰야 할 기본이다.

손님 없는 시간을 전략적으로 활용하라

매일 가게 문을 열면 손님이 별로 없는 날도 있게 마련이다. 그런 날에는 가게에 온 손님이 '이렇게 좋은 곳에 왜 사람이 없지?'라는 생각을 할 만큼 강렬한 인상을 남겨야 한다. '손님이 없을 만도 하지.'라는 생각이 들게 했다가는 그것으로 끝이다.

길을 걷다가 가게 안을 종종 들여다보곤 하는데, 손님이 없는 가게에서 직원들이 아무것도 하지 않고 가만히 앉아 있는 모습을 의외로 자주 목격한다. 심지어 TV를 보고 있기도 하다. 이런 모습은 손님들을 가게 밖으로 영영 멀어지게 만드는 행동이다.

가게 안을 들여다보는 손님과 눈이 마주친 그 순간이 바로 손님을 가게 안으로 모실 수 있는 절호의 기회다. 자리가 텅텅 비어 있어도 조원들이 활기찬 표정을 하고 있으면 손님은 미심쩍어하지 않고 가게 안으로 들어온다. 그러니 누군가 가게 안을 들여다보고 있는 것 같으면 기회를 놓치지 말고 덥석 물어야 한다.

우리 집에서 독립한 아이가 차린 가게에서는, 손님이 안을 들여다보고 있으면 직원이 밖에 나가서 '안에 자리 있어요!' 하고 웃으며 안내한다. 그러면 열에 한 명 정도는 직원을 따라 들어온다. 이렇게 하다 보면 어느새 가게 안은 사람들로 붐비게 되고, 그런 모습을 본 다른 사람들도 자연스럽게 합류하게 된다.

우리 가게 맞은편에 있는 음식점은 언제나 출입문 근처가 지저분하다. 그래서 나는 가게에서 일하는 아이들에게 우리가 대신 청소해주자고 했다. 가게 바로 앞까지 물을 뿌려서 깨끗하게 해주자고 말이다.

그러면서 그냥 호스로 물을 쏘기만 하기에는 재미가 없으니, 귀엽게 생긴 양동이와 바가지를 사서 손님이 없을 때 상큼한 기분으로 청소하자고 했다. 이렇게 하다 보면 손님들이 우리 가게를 떠올릴 때 자연스럽게 '참 깔끔한 가게'라고 생각할 것이다. 한가한 시간이 오히려 손님을 끌어들이는 무기로 작용하는 것이다.

내가 자주 가는 가게 중에는 매일 문 앞에 '네 분 더 들어오실 수 있습니다.'라는 식의 문구를 써 붙여서 빈자리 현황을 알려주는 곳이 있다. 빈자리를 무기 삼은 것이다. 전철역에서 10분이나 걸어가야 하는 곳에 있는데도 이러한 방식으로 계속해서 노력한 결과 주변 가게는 파리만 날려도 이곳만은 언제나 붐빈다.

아무리 한가해도 '한가하다'라는 말을 절대로 입에 올려서는 안 된다. 예를 들어, 하루 종일 한가하다가 저녁 9시 조금 넘어서야 손님 한 명이 가게 안으로 들어왔다고 해보자. 이때 여태까지 한가했다고 말한다면 그 손님은 가게를 잘못 들어왔다고 느낄 것이 뻔하다. 이것보다는 "지금 마침 한산해졌네요."라고 말하면 상대방도 안심할 것이다. 가게에 와준 손님을 즐겁고 편안하게 해주기 위한 것이니 이 정도 거짓말은 눈감아주리라고 본다.

　장사는 어차피 길게 보고 해야 한다. 그러니 지금 당장은 잘 안 되더라도 매일 조금씩 노력하면서 단골손님을 한 사람씩 늘려 가면 된다. 특히 가게 문을 연 지 얼마 안 됐다면 손님 없이 한가한 시간을 노심초사할 필요가 절대 없다. 오히려 그 시간을 잘 활용해서 손님을 즐겁게 하고 어떻게 단골손님으로 만들어 갈지를 궁리하는 게 훨씬 낫다.

이자카야에서 메뉴를 '업그레이드'한다는 것의 의미

아들 녀석이 유명한 레스토랑에서 진행하는 강연회에 참석한 적 있었다. 음식점에서 서비스를 제공하는 것에 대해 이러저러한 설명을 해줬는데, 그동안 가게를 운영하면서 우리가 실천해왔던 방식과 상당히 비슷했다고 한다. 단지 음식 맛에만 천착하지 않고 손님을 대하는 방식에도 나름대로 깊이 있는 철학이 있다고 했다. 이런 이야기를 듣고 '대단하네' 하는 생각이 들면서도 한편으로는 두렵기도 했다.

접객만큼은 이자카야가 고급 레스토랑보다 비교우위에 있다고 자부해왔던 터라, 실력 있는 요리사가 주방 일에만

손님을 미소 짓게 하는 가게

관심 있는 게 아니라 접객에도 많은 신경을 쓰고 있는 모습은 긴장감을 불러일으키기 충분했다. 채소 가게에서 1개 100엔에 사 온 토마토를 칼로 자른 다음 '냉동 토마토'라는 이름을 붙여 300엔에 팔 수 있는 게 이자카야의 매력 포인트라고 생각해왔다. 그런데 앞으로는 토마토를 단순히 자르기만 해서는 안 되고, 차별화할 수 있는 무엇인가를 더할 필요가 있겠다는 생각을 했다. 안전을 생각해서 조금 더 비싼 재료를 사용한다든지 소비세율*이 인상된다든지 하는 이유로 가격을 인하하기는 어려우니, 메뉴를 업그레이드하는 수밖에 없다.

이렇게 말하면, '손이 많이 가는 요리를 만들 필요가 없다고 지금껏 주장했던 건 뭐야?' 하고 의아해하는 사람도 있을 것이다. 나의 주장은 그대로다. 고급 레스토랑 요리처럼

● 우리나라의 부가가치세에 해당하며, 1989년에 처음 도입된 이래 세 차례 인상되어 현재는 10%임: 옮긴이 주

만들기 어려운 음식을 내놓자는 게 아니기 때문이다. 메뉴를 업그레이드하자고 하면 젊은 아이들은 대개 지금까지 이자카야에서 다룬 적 없는 아이템을 떠올리곤 한다. '네 가지 치즈'가 그중 하나다. 다양한 종류의 치즈를 접시에 보기 좋게 얹은 것이다. 하지만 현실적으로 우리 가게에서 일하는 녀석들이 치즈 전문가는 아니지 않은가. 카망베르[*]와 브리[**]의 차이가 뭔지도 모를 텐데 말이다(둘 다 프랑스의 흰곰팡이 치즈다). 이자카야에서는 크림치즈에 된장, 고추냉이, 김으로 만든 쓰쿠다니[***], 우메보시[****] 같은 것을 얹은 '네 가지 치즈'가 훨씬 더 잘 어울린다. 단순하지만 재치 있고 맛도 있는 음식을 만들어 대접하는 게 핵심이다.

여기에 20% 정도의 노력만 더 기울이면 더 맛있는 음식으로

●   Camembert, 흰곰팡이로 숙성시킨 치즈: 옮긴이 주

●●   Brie, 프랑스 북동부 브리 지역이 원산지인 연질 치즈: 옮긴이 주

●●●   佃煮, 해조류 등을 설탕과 간장으로 달착지근하게 조린 음식: 옮긴이 주

●●●●   梅干し, 매실을 소금에 절인 후 말린 음식: 옮긴이 주

변신시킬 수 있다. 이것이 바로 이자카야가 추구해야 할 메뉴 업그레이드다. 새로운 요리를 창조하자는 게 아니다. 우리 가게는 점포별로 취급할 메뉴를 점장이 알아서 선택하게끔 하는 편이다. 그러나 젊은 사람일수록 유행하는 것이나 새로운 것에 마음을 빼앗기기 쉽고, 그러다 보면 오랫동안 간판 메뉴로 삼아왔던 것들에서 점차 손을 떼게 된다. 다시 만들어보라고 하면 원래의 맛을 되살리지 못한다. 그렇게 되면 탕수육이 들어가는 양파와 피망의 아삭거리는 식감조차 살리지 못한다.

따라서 우리 가게의 핵심적인 간판 메뉴 몇 가지는 모든 점포에서 일하는 직원들 모두가 맛있게 만들어낼 수 있도록 독려하고 있다. 간판 메뉴만 제대로 만들어도 손님들에게 충분히 어필할 수 있다.

몇 가지 장르만 전문적으로 다루는 서점에 가보면 점원들 모두 해당 분야 도서에 상당한 지식을 가지고 있다는 사실을 알게 된다. 이는 이자카야가 추구해야 하는 모습이기도 하다.

치열한 경쟁 속에서 살아남으려 애쓰는 동네 서점의 모습을 다룬 특집 방송을 본 적이 있다. 서점이 하나둘씩 문을 닫는 와중에도 인기를 끄는 곳들의 공통점은 모든 장르의 서적을 취급하지 않고 요리나 여행 같은 특정 주제에 집중하고 있다는 것이었다. 어떤 지방에는 자기계발서만 취급하는 흥미로운 서점도 있었다.

　우리가 다루는 식재료에 대해 아주 잘 알고 있어서 '이 된장은 누룩 가게에서 사 온 건데 좀 달아요.'라는 식으로 설명해주면 손님들도 매우 만족할 것이다. 특별할 것 없는 두부라고 해도 그 위에 참기름을 살짝 끼얹으면서 "이거 교토에 있는 아주 유명한 노포(老舗)에서 받아온 건데 뒷맛이 정말 깔끔해요."라고 덧붙이면 더 맛있게 먹을 것이다. 이것 또한 메뉴를 업그레이드하는 또 하나의 방법이다.

　간단해 보여도 프랜차이즈 이자카야에서 이런 식으로 손님과 대화하기란 거의 불가능하다. 손님과의 친밀한 대화는 우리처럼 작은 이자카야가 갖춰야 할, 요리 실력에서 빼놓을 수 없는 '양념' 같은 것이다.

　　몇 가지 장르만 전문적으로 다루는 서점에 가보면 점원들 모두 해당 분야 도서에 상당한 지식을 가지고 있다는 사실을 알게 된다. 이는 이자카야가 추구해야 하는 모습이기도 하다.

여성 손님을 잡아라

우리 가게는 어느 점포든 기본적으로 여자 손님들이 많은데, 시부야(渋谷)에 문을 연 선술집 스타일의 가게의 경우 70% 이상이 남자 손님이다. 주로 잔술과 참치 머릿살을 파는데 문을 열자마자 자리가 꽉 찬다. 너무나도 감사드려야 할 일이기는 하지만, 가게에 남자 손님만 있으면 메뉴도 점점 남성적으로 변해간다. 이렇게 되면 여자 손님을 응대하고 즐겁게 해주는 방법에 대한 가게 직원들의 감(感)도 점점 떨어지게 된다.

독립해서 새로 가게를 차릴 때는 아무래도 여자 손님

을 타깃으로 해야 성공 확률을 높일 수 있다. 이유는 이렇다. 여자 손님들은 가게를 찾는 시간이 빠른 편이라서 저녁 8시, 9시쯤 되면 일단 매상을 한 차례 올릴 수 있다. 그만큼 회전율이 높아지는 것이다. 그리고 이른 시간부터 가게에 손님들이 앉아 있으면 가게 안이 붐비는 듯한 분위기를 연출할 수 있다. 남자 손님들도 이런 모습에 끌려 가게로 들어온다.

여자 손님들이 좋아하는 스타일의 이자카야 대표 메뉴도 따로 있다.

냉두부●를 예로 들어보자. 남자 손님들은 오래된 이자카야 스타일로 가져다줘도 상관없다. 그러나 여자 손님들에게는 일단 배트●●에 올려놓았다가, 가게 분위기가 살짝 가라앉는 저녁 8시경에 '한 스쿱(국자)당 100엔에 모시겠습니다!'라고 제안하는 것도 괜찮은 방법이다. 이렇게 하면 그냥 가

- 차가운 두부에 가쓰오부시, 쪽파, 간장 양념 등을 얹어서 먹는 일본 음식: 옮긴이 즈
- Vat, 각이 지고 깊지 않은 접시: 옮긴이 주

져다주는 것보다 재미있어할 것이다.

조명을 일부러 살짝 어둡게 해서 메뉴판을 읽기 어렵게 만든 뒤, 글씨가 잘 안 보인다고 하면 그때 100엔 숍에서 사온 손전등으로 비춰주는 것도 괜찮은 방법이다. 여자 손님들은 이런 세심한 배려를 좋아한다.

가게에 남자 손님만 있으면 여자 손님들의 웃는 모습이 머릿속에 잘 떠오르지 않는다. 참신한 아이디어를 내려면 아무래도 즐겁게 해주고 싶은 손님이 바로 앞에 앉아 있는 게 낫다. 이런 이유로 언제나 나는 여자 손님들이 즐겁게 먹고 마실 수 있는 가게를 만들려고 노력한다.

송년회 같은 이벤트에 신경 쓰지 말고 평소에 최선을 다하라

요식업계는 가을이 깊어지면 송년회 예약을 많이 받아놓으려고 다들 혈안이 된다. 하지만 나는 연말에 뭔가 특별한 것을 준비해보려고 한 적이 단 한 번도 없다. 가게는 1년 내내 문을 열기 때문에 연중 어느 때든지 늘 최선을 다해야 한다고 생각해서다. 송년회만 중요시하면 새해가 밝자마자 파리가 날릴 수도 있다.

특별한 시기에 어떤 이벤트를 열지 궁리하기보다는, 평소에 어떻게 잘 팔 것인가를 진중하게 고민해야 한다. 손님들에게 평소에 인기가 좋으면 성수기에도 자연스레 손님이 몰리게 돼 있다.

손님은 아주 작은 것에도 즐거움을 느낀다. 예를 들어, 술을 주문한 손님에게 한 모금 분량 정도 되는 잔에 '이런 것도 있어요.' 하고 다른 술도 함께 소개한다든지, 채소의 끄트러기 부분을 이용한 절임을 한두 젓가락 맛볼 수 있게 하면 좋다. "야마다 선생님, 채소 절임을 좀 만들어봤는데 한번 드셔보시겠어요?" 하고 손님의 이름을 부르면서 말이다.

손님을 즐겁게 해주려는 이런 세심한 서비스를 경험해본 사람들은 주변에서 송년회 이야기가 나오면 '다들 분명 만족스러워 할 것'이라고 하면서 자연스레 추천할 것이다. 따라서 평소에 손님들에게 소소하게나마 감동을 주면 송년회 예약을 받겠다고 꾸역꾸역 애를 쓸 필요가 없다.

송년회 예약을 해준 손님에게 특별히 할인해주겠다고 해봤자 그 효과는 한시적일 수밖에 없다. 이보다는 평소에 신경 써서 잘 해주는 게 간단하면서 비용도 적게 든다. 그리고 이렇게 해야 손님의 마음을 더욱 확실히 사로잡을 수 있다.

평소에 매상을 착실하게 올려야 한다고는 하지만 정작 어떻게 해야 하는지 잘 모르겠다는 사람들이 있다. 메뉴판에 올린 음식들은 이 세상에 존재하는 수백, 수천 가지 음식 중에서 '이거라면 잘 팔리겠다'고 판단되는 것만 선별한 결과일 것이다. 하물며 하루, 이틀 정도가 아니라 기나긴 시간 동안 자신의 경험을 토대로 고심한 끝에 내린 결론일 텐데 매상이 잘 오르지 않는다면 그게 오히려 이상한 일이다.

자신 있게 추천하면 손님도 주문하고 싶어지는 게 인지상정이다. 인기 있는 가게는 많이 팔고 싶은 요리를 집중 관리한다.

여기서 반드시 염두에 두어야 할 것은 아무리 자신 있는 요리라고 해도 메뉴판에 적어놓기만 해서는 안 된다는 사실이다. **손님을 즐겁게 해주려고 최선을 다해 선정한 메뉴인 만큼, 실제로도 '이 메뉴는 이 가게가 제일 잘 만든다'고 생각할 수 있도록 확실히 어필해야 한다.** "이걸 곁들이면 정말 갓있어요!"라고 하면서 고명이나 조미료를 함께 제공한다든지 하면서 말이다.

우리 집에서 독립한 아이 중 하나는 돼지고기 샤브샤브 가게를 차렸는데, 손님에게 "처음 오신 거라면 우선 이것부터 드셔보세요."라고 하며 간판 메뉴를 추천한다고 한다. 음식 맛에 대한 자신은 물론이고 그 메뉴를 팔고자 하는 강력한 의지를 보이는 것이다.

"여기서 이거 안 드시면 손해입니다!"라는 확신에 찬 말로 권하면 상대방에게도 자신감이 고스란히 전달된다. 그러면 손님들은 주저하지 않고 주문할 것이고 정말 맛있다고 호평도 해줄 것이다.

중요한 것은 이거다 싶은 메뉴를 하루에 몇 개 팔 것인지를 목표로 세우는 일이다. '오늘은 반드시 10접시 팔아야지'하고 말이다. 목표를 세우지 않으면 실적이 좋지 않아도 '왜 팔리지 않았을까?' 하는 의문을 애초부터 떠올릴 수 없다. 문제점을 해결하고 개선하려면 '왜'라는 질문을 던지고 답하는 것이 매우 중요하다.

도전적인 목표를 정하고 성공적으로 달성하면 아르바이트를 하는 아이들조차도 장사의 즐거움을 실감할 수 있다. 따라서 그 지역에서 가장 맛있는 가게로 자리매김하는 건 무리일지 몰라도, 직원들 모두가 즐겁게 일할 수 있는 분위기를 조성하는 것은 전혀 어렵지 않다. 그리고 직원 모두가 행복해한다면, 그런 감정은 손님들에게도 고스란히 전달되게 되어있다.

제3장
누구에게나 장사 소질은 있다

생산성을 끌어올리는 인재육성 방법

인재를 끌어들이는 가게의 비결

요즘은 어느 업계든 일손이 부족해서 큰 어려움을 겪고 있다. 하지만 이는 아주 오래전부터 경기가 안 좋을 때마다 반복적으로 터진 문제다. 한 프랜차이즈 대기업이 일손 부족으로 일부 점포를 임시 폐쇄하기로 했다는 뉴스가 화제가 된 적이 있다. 그런데 사실은 일할 사람 없기 때문이 아니라, 그동안 요식업계가 필요 이상으로 점포 수 확장 경쟁을 해온 것이 근본 원인이 아닐까 생각한다.

사람들이 어떤 가게에 구직 원서를 내는 이유는 그곳만의 매력을 느끼고는 자신도 한번 일해보고 싶다고 생각했기 때문일 것이다. 구직자들은 보통 이런 마음으로 자기가 일할 곳을 찾아가는 건지도 모르겠다. 우리 가게에서 일하는 아이들도 대부분 "라쿠(樂)'라는 엄청 재밌는 가게가 있대."라는 입소문을 듣고 찾아와 지원한 것이다.

진짜 재밌는 곳인지 궁금한 녀석들은 일단 손님으로 가게에 와본다. 그러고는 '도대체 이 강렬한 에너지는 뭐지?' 하고 한껏 감탄하고는 이곳에서 일해보고 싶다고 이야기한다. 우리 가게에서 독립한 아이들이 운영하는 곳을 마음에 들어 하는 경우도 있다. 그런데 만약 신규 채용이 어려운 상황이라면 점장은 자기가 예전에 일했던 곳을 소개해주겠다며 우리 가게로 데리고 온다. 아르바이트로 일하던 아이가 자기도 언젠가 가게를 갖고 싶다며 정직원이 되기도 한다.

구인 사이트에 광고를 내고 면접 볼 때 근무시간이나 휴일 같은 세부 조건에 대해서 아무리 상세히 설명해도, 다른 가게보다 처우가 좋지 않으면 오지 않을 것이다. 처우보다는 우리 가게에서 일하면 얼마나 성장할 수 있으며 얼마나 재밌게 일할 수 있는지를 알려줘야 한다. '이곳은 뭔가 다르다'는 느낌을 제대로 전달한다면 다른 곳보다 우월한 조건이 아니더라도 일하고 싶다는 생각을 하게 될 것이다.

지금보다 조금 젊었을 시절엔 한잔할 때면 밤새 이곳저곳 돌아다니며 마시곤 했는데, 면접 보러 온 친구들과도 반드시 그날 저녁에 2, 3차까지 함께 했다. 내 가게에도 데려가서는 직원들이 열심히 일하는 모습을 보여주곤 했다. 면접 본 친구가 남자아이고, 여자 친구가 있다고 하면 다음에 올 때 꼭 같이 와서 여자 친구 마음에 쏙 들거든 그때 일하러 와도 된다고 했다. 그러고는 '무료 이용권'이라고 적은 내 명함을 건넸다.

이렇게 해야 지원자들이 즐거운 마음으로 우리 가게를 선택하지 않을까.

사람이 모이지 않는 까닭은 그만큼 일터가 매력적이지 않아서다. 우리 가게도 긴 세월 동안 영업하면서 '예전보다 못하다'라는 평을 들은 적도 있는데 그럴 때마다 직원들이 똘똘 뭉쳐 개선해나갔다. 그러면 그 모습에 또 매료되어 여기저기서 일하고 싶다고 모여든다. 선순환이 이뤄지는 것이다.

예전에 딱 한 번, '남자라면 자신만의 성을 쌓아라!'라는 캐치프레이즈가 담긴 가로세로 1미터 이상의 큼지막한 구인

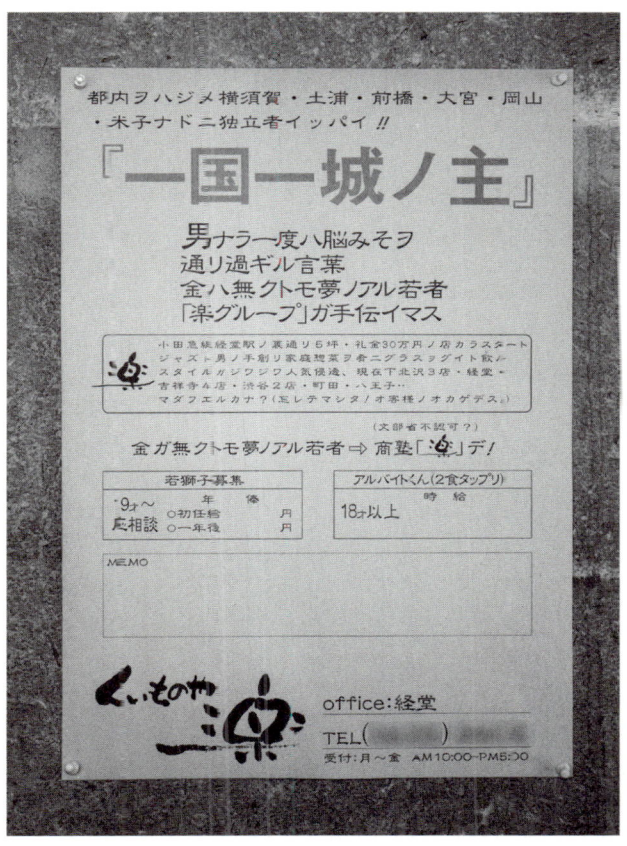

❖ 시모기타자와역에 붙여놓았던 '남자라면 자신만의 성을 쌓아라!' 포스터. 지금은 축소판(사진)을 가게 안에 붙여놓았다.

광고 포스터 몇 장을 시모기타자와역에 붙여놓은 적이 있다. 구인 자체가 목적이라기보다는 이렇게 재밌고 흥이 넘치는 가게도 있다는 사실을 사람들에게 널리 알리고 싶었다. 일개 이자카야가 존재감을 드러내려면 특대형 포스터를 제작할 수밖에 없었다.

우리 가게에서 오래전에 독립한 아이는 본인 얼굴 사진을 넣은 큰 포스터를 가게 벽에 붙여놓기도 했다. 자기가 왜 가게를 열고 싶었는지, 그리고 어떤 꿈을 향해 달려가고 있는지를 그런 식으로 보여줬다. 참 대단하다 싶어서 점장 회의 때 다른 점장들에게도 그 내용을 공유해 달라고 했더니 아주 생기 있게 설명해주었다. 가게 손님들한테도 똑같이 이야기해왔을 게 분명했다. 이처럼 에너지 넘치는 곳이라면 사람을 채용하는 데 어려움을 겪지 않을 것이다.

요식업은 장시간 근무를 강요하는 착취 산업이라며 손가락질하는 사람들이 있다. 하지만 이루고 싶은 꿈을 가진 사람은 자기가 하는 일을 완벽히 습득하기 위해 시간 가는 줄 모르는 법이다. 은행이든 종합상사든 어떤 직업에서도 그 분야의 최고가 된 사람 중에 9시 출근, 5시 퇴근을 칼같이 지켜가며 일하는 사람은 없을 것이다. 중요한 것은 현재 돈 담은 곳에서 자신이 이루고 싶은 꿈이 있느냐 없느냐다.

세상에는 정말 다양한 종류의 일이 있고, 음식점만 하더라도 프랑스 레스토랑이며 초밥집이며 수많은 선택지가 있다. 우리 가게에 지원한 아이들 또한 수없이 많은 길 중 하나를 '선택'한 것이다. 따라서 누구나 이자카야에 대한 자기만의 관점이 있을 것이고, 이는 곧 '손님에게 사랑받는 가게'를 탄생시킬 소질을 가지고 있음을 의미한다.

이는 어떤 직업이든 마찬가지다. 일에 대한 철학과 관점은 없이 근로조건에만 맞춰서 온 사람들은 쉽게 지치고 역량을 발휘하지 못한다. 왜 그 일을 해야 하는지에 대한 생각이 확고한 사람이 새로 들어오면 주변 직원들도 자극을 받게 되니 생산성 향상에도 도움이 된다.

'헝그리 정신'의
힘

오래전에 우동 전문 체인점 '마루가메 제면(丸亀製麵)'을 운영하는 토리돌 홀딩스Toridoll Holdings가 입식(立式) 이자카야 체인인 '반파이야(晩杯屋)'를 인수하고, 그 밖에도 개인이 운영하는 이자카야 비슷한 분위기의 점포들이 대기업에 매각되는 일이 빈번히 일어나던 시절이 있었다.

반파이야는 인테리어에 돈을 쓰지 않는 곳으로 100엔에서 300엔 사이의 요리와 음료를 취급한다. 도쿄 무사시코야마(武蔵小山) 지역에 1호점을 막 오픈했을 때부터 몇 번 가봤는데 매번 감탄을 금치 못했다. 참치회, 전갱이튀김, 감자 샐러드 등을 시키고 맥주 한 잔을 마셨는데 1,000엔을 내면 항상 200~300엔을 거슬러 줬다. 우리 가게 근처에도 반파이야가 있는데, 한낮에 가게 앞을 지나가면 혈기왕성한 한 친구가 다가와서는 곧 문을 연다고 알려준다.

이곳에서 파는 요리는 전부 특별한 기술 없이도 만들 수 있고 주문하면 순식간에 나온다. 생선회를 미리 접시에 담아서 랩을 씌워둔 뒤 주문이 들어오면 랩만 벗겨서 바로 가져다준다. 저렴한 자료로 벽체를 세웠지만 거기다 메뉴판을 가득 붙여놓아 본 모습이 눈에 잘 들어오지 않는다. 이러한 노하우는 여유가 별로 없었던 초창기부터 조금씩 축적해온 것일 거다.

규모가 작은 가게를 운영하는 사람들은 어떻게 하면 한정된 자금을 잘 활용해서 손님들의 마음을 사로잡을 수 있을지 늘 고민한다. 엄청나게 저렴한 음식을 신속하고 손쉽게 제공하기 위한 반파이야의 노하우는 아마도 마른걸레를 쥐어짜는 심정으로 생각을 끝까지 밀어붙여 얻어낸 결과일 것이다. 현장 지식 없이 오직 머리로만 아이디어를 내려 하는 대기업은 절대로 따라 할 수 없다.

대기업도 나름 좋은 아이디어를 바탕으로 점포를 내기도 하지만, 벼랑 끝에 선 듯 절실한 마음으로 아이디어를 내지는 않으니 개인이 운영하는 가게의 분위기를 따라잡지는 못한다. 좋은 아이디어를 내려고 연봉이 높은 대기업 임원에게 일임하고는 하는데 이러면 결국 원가가 너무 높아진다. 대기업이 직접 사업을 키워나가지 않고 이미 잘 운영되고 있는 곳을 인수하려 하는 까닭은 바로 여기에 있다.

반파이야 같은 가게를 차리는데 필요한 것은 '헝그리 정신'이다. '헝그리 정신'은 무슨 일을 하든 놀랄 만한 저력을 발휘하게 한다. 우리 가게에서 일하는 모두는 언젠가 독립하기를 꿈꾸는데, 이를 실현하기 위해서는 반드시 배고픔에서 얻은 교훈이 있어야 한다. 하지만 월급이 쌓여 어느 정도 살 만해지면 적당히 타협점을 찾으려 하기 쉽다.

최근에 우리 가게 직원이 된 스무 살 신입이 있는데, 이 친구의 목표는 스물여덟이 되기 전에 독립해서 자기 가게를 차리는 것이다. 누구든 처음에는 '헝그리 정신'으로 무장해 눈을 반짝반짝 빛내며 목표를 향해 달려간다. 시간이 흐르더라도 이런 초심을 잃지 않는 것이 무엇보다도 중요하다.

따라서 우리가 이 아이에게 가르쳐주는 것도 많지만, '잔뜩 굶주려 있는' 그 모습에서 우리가 배우는 것도 상당하다.

우리 가게가 마음에 드는 부분이 있어 들어온 것일 테니, 합류하기 전 밖에서 바라볼 때 느꼈던 우리 가게의 이미지를 절대로 잊지 말라고 당부했다. 그리고 혹시 앞으로 2, 3개월 경험해본 결과 그 이미지와 실상이 다르다고 생각되면, 처음 생각했던 라쿠 코퍼레이션의 모습에 다가갈 수 있도록 노력해보라고도 했다. 그러면 3년 정도 지나 점장이 되었을 때 "제가 처음에 생각했던 이상적인 모습에 50% 정도 근접하게 됐습니다. 앞으로는 100%를 달성하겠습니다."라고 사람들에게 말할 수 있지 않겠는가. 한 명의 직원이 입사했을 때부터 펼쳐지는 '내가 원하는 가게 만들기' 드라마는 이렇게 시작된다.

알고 지내는 침구사 선생님한테 들은 이야기다. 침구사 자격을 취득하고 나면 모두 기존에 일하던 곳에서 독립하고 싶어 하지만 결국에는 실행에 잘 옮기지 못한다고 한다. 왜일까? 내가 보기에는 자격증을 손에 넣은 후부터 거기에 안주해서 그런 것 같다. 우리 가게에서 일하는 아이들은 대부분 요리사 자격증을 따지 않았다. 이른바 무자격자라서 자기 가게를 열지 않는 한 아무것도 보장받을 수 없다. 그러니 벼랑 끝에 내몰린 사람처럼 '헝그리 정신'을 되새기며 무슨 일이든 최선을 다한다.

'헝그리 정신'이 있는 사람은 가게를 찾은 손님에게 단순히 인사하고 물수건을 내밀기만 하지 않는다. 인사와 동시에 "태풍이 지나가서 그런지 가만히만 있어도 이마에 땀이 맺히네요. 시원한 맥주 드릴까요?"라는 말로 바로 주문을 받는다. 그리고 나서 곧바로 물수건과 함께 시원한 맥주를 가져다준다. 2, 3명이 한 팀이면 손님이 메뉴판을 들여다보기도 전에 즉석에서 천 엔 정도 매상은 거뜬하다. 맥주는 원래 더운 날 가게에 들어와 곧바로 마시고 싶은 음료다. 들어온 지 5분 정도 지나버리면 덥다는 생각이 덜 들기 때문에 시원한 맥주에 대한 갈증도 반감될 수밖에 없다. 물수건과 함께 가져다주면 손님은 '여기 맥주는 언제 가든 엄청 시원하고 맛있어.'라고 하며 좋은 기억을 갖게 되고 조만간 다시 찾게 될 것이다.

부부가 운영하는 지방의 한 술집에서 사케를 마시다가

'도쿄에서는 사케의 향취를 제대로 느끼려고 와인 잔에 따라 마시기도 한다'는 이야기를 전한 적이 있다. 그러고 나서 한 달 정도 후에 다시 그곳에 갔는데 그때는 사케를 와인 잔에 따라주는 것이었다. 주인은 "지난번에 말씀하시는 걸 듣고 한번 해봤습니다. 저희는 도쿄에 갈 시간이 없으니, 손님들이 주시는 정보가 하나하나 소중하거든요."라고 했다. 근처에 앉아 있던 여자 손님 일행은 내가 와인 잔으로 마시고 있는 모습을 보더니 자기네도 그렇게 한번 마셔보고 싶다고 했다. 가게에서 나오면서 무척 기뻤다. 단지 잔 하나 바꿨을 뿐인데 손님들을 즐겁게 해줄 수 있는 무기가 되다니 말이다.

'헝그리 정신'이 있는 곳은 손님의 이야기를 허투루 듣지 않고 필요해 보이는 것은 곧바로 현장에 적용한다. 작은 일 하나에도 세심한 노력을 기울이는 이런 자세는 결국 손님들에게 인정받는 가게를 만드는 밑거름으로 작용한다.

아무것도 할 줄 모르는 아이가 가진 잠재력

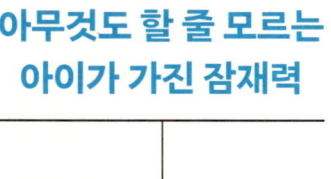

얼마 전에 불현듯 직원들의 성장목표를 한눈에 볼 수 있으면 좋지 않을까 하는 생각이 들어 십자형 그래프를 그려 봤다. 가로축은 요리 실력이 좋은지 여부를 나타내고, 세로축은 음식을 파는 것(접객)을 좋아하는지 여부를 나타낸다 (183 페이지 참조). 그러고 나서 이 중에서 어떤 유형이 가게 점장이 되기에 가장 적합할지에 대해 회의 때 이야기를 나눴다.

말할 것도 없이 요리와 손님 대하는 일 둘 다 잘하는 게 가장 바람직하겠지만, 이자카야의 경우 음식은 잘 못 해도 접객 능력이 뛰어난 것이 두 번째로 바람직한 유형이다. 문제가 되는 유형은 음식을 파는 일에는 별로 관심이 없고 요리하는 것을 좋아하는 타입(AD영역)과 요리와 손님 대하는 일 둘 다 서투른 타입(CD영역)이다. 이 중에서 어느 쪽이 점장 역할을 맡기기에 더 적합한 유형일까.

보통은 AD 영역에 있는 타입이 더 적합하다고 생각할 것이다. 하지만 이 유형은 요리 자체에 관심을 가지고 파고드는 전문 요리사에 더 적합하다. 반면, 짧은 기간 내에 요리사로 성장시키기는 어려워도 음식을 파는 것에 대한 흥미, 사람을 대하는 일에 대한 흥미를 갖게 하는 것은 상대적으로 쉽다. 아무리 처음에는 이런 일에 별다른 관심을 보이지 않는 사람도 일정 기간 가르치면 얼마든지 새롭게 변신할 수 있다. 따라서 나는 CD 영역에 있는 아이가 이자카야를 도맡아 관리하기에 더 적합한 유형이라고 본다.

요리 실력이 어느 정도 있는 아이들은 어떤 메뉴에 도전하든 조금만 노력해도 금방 결과가 나오기 때문에 그에 안주하기 쉽다. 하지만 자기는 할 줄 아는 게 없고 실력이 '부족하다'고 느끼는 아이들은 잠재력이 있다. CD 영역에 있는 아이들은 가진 거라곤 아무것도 없으니 일단 뭐든 최선을 다해보는 수밖에 없다. 그런 마음가짐과 태도야말로 향후 인기 있는 이자카야의 점장이 되기 위해 갖춰야 할 가장 기본적인 소질이라고 생각한다.

우리 가게에서 일하는 친구들은 대부분 CD 영역에서 시작한다. 음식을 파는 일을 좋아하게 될지 그렇지 않을지는 함께 일하는 점장이 어떤 사람이냐에 달려 있다. 언젠가 독립해서 자신의 가게를 차리겠다는 분명한 목표를 가지고 이를 어떻게 실현하면 좋을지를 부단히 모색하는 점장 밑에서 일하면, 직원이든 아르바이트든 발전하는 속도가 빠르다. 어떻게 하면 더 많이 팔 수 있을지, 어떻게 해야 손님들을 더 즐겁게 해줄 수 있을지를 항상 고민하는 모습을 보고 배우니 자연스레 실력이 늘 수밖에 없다.

나는 점장이 목적의식을 명확히 가지려면 반드시 저축을 해야 한다고 생각한다.

아무리 아이디어가 좋아도 수중에 모아놓은 게 없으면 실현할 수 없다. 다른 사람의 투자를 받아서 가게를 내는 경우도 종종 있다. 하지만 이런 방법으로는 크게 성공하기가 어

　　나는
　점장이 목적의식을
　명확히 가지려면
　　반드시
　저축을 해야 한다고
　생각한다.

럽다. 저축은 독립했을 때 어떤 가게를 차려야 할지를 마음속에 구체적으로 그려나갈 수 있게 해주는 강력한 도구다.

다른 사람이 투자해준 500만 엔이라는 목돈으로 시작하는 것보다는 조금씩이라도 저축하면서 '100만 엔 모았으니 이런 걸 할 수 있겠구나, 200만 엔 모았으니 그런 걸 할 수 있겠구나' 하면서 꿈을 점점 키워나갈 수 있다. 그리고 그 과정에서 머릿속 여기저기에 흩어져 있던 아이디어를 서로 연결해나갈 수도 있다.

우리 가게에서 일하는 수년 동안 단 한 푼도 저축하지 않았다고 자랑스레 이야기하곤 했던 녀석이 있다. 그래도 100만 엔 정도는 겨우 모아서 독립하긴 했는데, 안타깝게도 성공하지 못했다. 모아둔 돈이 없으니 아이디어가 있어도 실행에 옮길 수 없었던 것이다. 그 아이는 처음부터 다시 해보고 싶다며 우리 가게로 돌아왔는데, 회의 때 다른 직원들에게 저축만큼은 반드시 하라고 당부했다. 경험에서 우러난 이런 충고는 앞으로 자기 가게를 차릴 아이들의 가슴에 깊숙이 새겨진다. 그렇게 말하는 본인도 종잣돈의 중요성을 깨달았을 테니 좋은 경험을 한 셈이다.

누구에게나 장사 소질은 있다

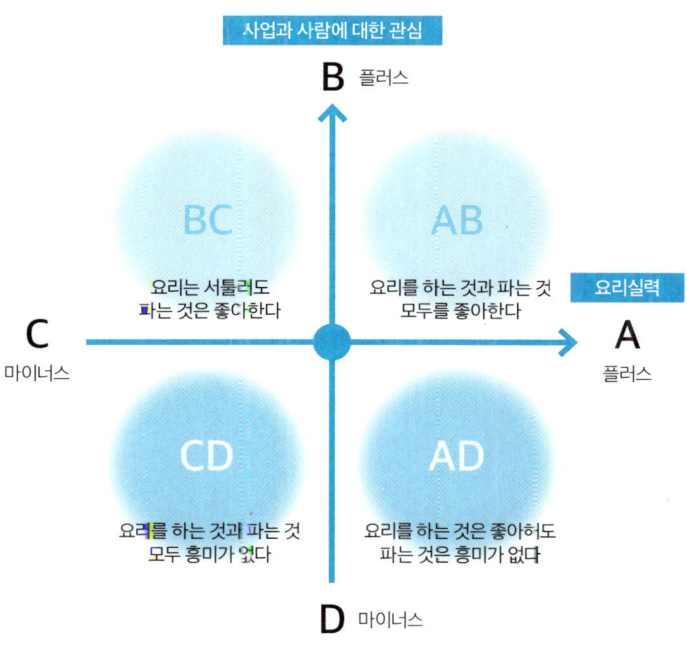

❖ 직원의 적성을 나타내는 십자형 그래프

신입직원과 일하면서
배우게 되는 것

어떤 직업이든 신입직원은 선배 직원의 일하는 방식을 보고 배운다. 그렇게 몇 년 정도 가르침을 받고 나서 '자기 몫'을 할 수 있게 되어야 비로소 선배들에게서 일거리를 받아올 수 있다.

하지만 내가 운영하는 이자카야의 경우에는, 합류한 지 얼마 되지 않아 할 줄 아는 게 전혀 없는 신입을 통해서 '배우는 것'이 많다. 몇 년씩 수련 과정을 거치고 나서야 비로소 손님 앞에 설 수 있는 고급 음식점과는 달리 이자카야는 그럴 만한 여유가 없다. 신입직원도 바로 요리를 만들어내야 하기 때문에 어떻게 교육하면 좋을지 여러모로 궁리해야 한다. 이런 고민의 결과는 결국 우리의 자산이 된다.

예를 들어, 신입직원은 우리 가게에 합류하자마자 수년간 일해 온 선배들과 비슷한 수준으로 다진 전갱이를 만들어 손님에게 내놓을 수 있어야 한다. 물론 몇 년 동안 주방 일을 해온 사람과 같은 맛을 낼 수는 없을 것이다. 따라서 선배들은 들어온 지 3일밖에 안 된 신입도 손님에게서 칭찬받을 만한 요리를 만들 수 있게 훈련시키는 방법을 늘 고민한다. 다진 전갱이란, 잘게 찢어 다진 전갱이 살을 갖은 양념에 버무려 만든 음식이다. 신입이 주문을 받고 나서 만들기 시작하기에는 시간이 상당히 많이 걸릴 수 있기 때문에, 미리 어느 정도 만들어두었다가 손님에게 가져다주기 직전에 물에 불려놓은 다진 생강을 넣고 버무리면 된다. 이렇게 하면 식감이 아주 좋아져서 손님들이 만족스러워한다.

아울러 요리의 풍미를 결정하는 요소에는 '맛'만 있는 게 아니다. 민첩한 손놀림으로 양념을 버무리는 모습도 손님들을 흐뭇하게 해줄 수 있다. 생선회를 보기 좋게 자를 수 있으려면 상당한 시간을 투자해야하지만, 양념을 버무리는 일은 신입이라도 조금만 연습하면 손님 앞에서 당당히 보여줄 수 있을 만큼 능숙해질 수 있다. 요리 그 자체뿐만 아니라 동작으로도 '풍미'를 전달할 수 있다.

이런 식으로 '할 줄 아는 게 없는 아이를 어떻게 하면 실전에 바로 투입할 수 있을까?'라는 질문을 던지고 답하는 것이 우리에게는 매우 중요한 일이다. 이는 아이들이 독립해서 자기 가게를 **운영할 때에도 큰 도움이 된다**. 우리 가게에 있을 때는 다른 직원들의 도움을 받으며 일했지만, 독립하고 나면 모든 일을 혼자서 처리해야 한다. 요리든 접객이든 지금까지 해왔던 방식으로는 어느 하나 제대로 처리할 수 없는데, 바로 이때 '아무것도 할 줄 모르는 신입을 즉시 현장에 투입하기 위해서' 짜냈던 노하우는 상황을 타개해나가는 데 큰 자산이 된다.

우리 가게에서 독립한 아이 중에는 정말 아무것도 할 줄 모르기로 유명한 녀석이 있었다. 내가 캐나다 밴쿠버에 가게를 열었을 때 지원서를 냈던 캐나다 국적 아이인데, 일단 이력서부터가 문제였다. 나중에야 알게 된 사실이지만, 이 녀석은 동갑내기 일본인 친구와 함께 살고 있었는데 친구의 이력서를 가져다가 이름만 고쳐서 냈던 것이었다. 심지어 캐나다 사람이 치를 리 없는 토플 시험 점수까지 그대로 적혀 있었다.

그래도 영어로 손님과 대화할 수 있는 친구가 필요했던 터라 할 줄 아는 게 전혀 없는 아이인데도 군소리 안 하고 채용했다. 그런데 웬걸. 주문받는 일을 시켜놓았더니 말주변이 전혀 없는 것이었다. 이유를 물었더니 오랫동안 고깃배를 탔었고 사람들과 대화할 일이 별로 없었다고 했다. 그렇다면 생선에 대해서는 좀 알겠다 싶었는데 그것도 아니었다. 멸치잡이 어선을 탔었다나. 생각할수록 기가 막혔다.

이처럼 할 줄 아는 게 전혀 없는 아이였지만, 희한하게 주변 사람들이 엄청 좋아했다. 가게를 떠나는 날 환송회 자리에서도 '할 줄 아는 게 전혀 없는데도 주변 사람들이 예뻐한 경우는 태어나서 처음 봤다'며 다들 재밌어했다. 이 녀석은 일단 미소가 보기 좋았다. 손님이 오면 일단 미소를 지으라고 했더니 최선을 다해 웃는 얼굴로 맞이했다. 그걸 본 손님도 만면에 미소를 띨 정도였다. 이는 이자카야에서 매우 중요한 일이다. 요리는 맛있어도 주인이 찌푸린 얼굴로 손님을 맞이하는 곳과, 맛은 덜해도 항상 활짝 웃는 얼굴로 맞이하는 곳이 있다면 사람들은 당연히 후자를 선택할 것이다.

　이 아이는 자기 가게를 차리기 직전에 다른 곳에서 잠시 일했는데, 그곳에 가서 보니 예전과 달리 얼굴에서 웃음기라고는 전혀 찾아볼 수 없었다. 자기보다 경험이 부족한 아이들에게 이래라저래라 지시만 할 뿐이었다. 그래서 나는 '다른 사람한테 일을 시키는 모습보다는 만면에 미소를 띤 모습이 훨씬 보기 좋은데, 중요한 걸 잃어버렸다는 생각이 들지 않냐'고 이야기했다. 그랬더니 2, 3일 지나서 나에게 와서는 '지난번에는 무슨 말씀을 하시는 건지 솔직히 잘 몰랐는데 이제 좀 알 것 같다'라며 예전에는 할 수 있는 게 없어 웃기라도 했는데 할 줄 아는 게 있다고 생각하면서 미소 짓는 일을 소홀히 했다고 말했다.

　자신이 '할 줄 아는 게 없다'는 사실을 아는 것은 매우 중요하다. 어중간하게 하면서 잘한다고 여기기보다는, 아직 배워야 할 게 너무나도 많다고 겸허히 생각하는 것이 한 걸음 더 앞으로 나아가는 데 도움이 된다.

가르치려고 하기 전에
자기 자신부터 성장하라!

독립하고 나서 금방 큰 성공을 거둔 아이가 점장 회의 때 들려준 이야기다. 한번은 가게에 입고된 생선이 신선하지 않아서 직원이 거래처에 전화해서는 막 따졌다고 한다. 점장은 옆에서 듣고 있다가 직원이 전화를 끊자, 신선도가 마음에 안 들어 뭐라고 한 것 같은데 그럼 반대로 신선한 횟감이 들어왔을 때 감사하다고 제대로 인사했느냐고 물었다고 한다. 만족스럽지 않을 때는 불만을 터뜨리면서 만족스러울 때는 감사 인사를 하지 않는 점을 지적했다는 거다.

음식점은 가게 직원들만 열심히 한다고 잘 굴러가지는 않는다. 식자재를 납품하는 업자를 포함한 주변 사람들과 관계가 원만할수록 성공 가능성도 그만큼 커진다. 점장이 타이르자 그다음부터는 '오늘 보내주신 방어는 정말 맛있었습니다!'라는 말을 주문표에 적어서 감사 인사를 했다고 한다. 그러자 거래처 사람도 자신들이 납품하는 생선을 맛있게 요리하는 방법을 가르쳐주는 등 답례를 했다고 한다.

이런 이야기를 들으며 점장 녀석이 '그동안 정말 많이 성장했구나' 하는 생각을 했다. 직원을 타이르면서 그가 했던 말은 상대를 가르치려는 생각에서 나온 게 아니라, 그런 생각과 행동이 몸에 배어 있다 보니 자연스레 나온 것으로 보였다. **직원을 어떻게 교육하면 좋을지 고민이라고 이야기하는 사람들이 주변에 많은데, 누군가를 가르치기 전에 자기 자신이 먼저 성장하는 것이 무엇보다 중요하다.**

우리 가게 점장 중에서도 '저 녀석은 들어온 지 벌써 몇 주나 지났는데 할 줄 아는 게 아무것도 없다'며 한숨을 푹푹 쉬는 아이가 있다. 하지만 이는 어디까지나 점장이 제대로 가르쳐주지 않았기 때문에 그런 것이다. "오늘 들어온 가다랑어 말이야, 지방이 많아 보이던데 그럴 때는 마늘을 많이 올려서 먹으면 맛있어. 손님에게도 그렇게 추천해 드려봐."라는 식으로 평소에 잘 알려주면, 아르바이트 직원이라고 해도 자기 몫을 충분히 해낼 수 있다. 사케를 손님에게 가져다드릴 때는 라벨을 잘 봐뒀다가 술을 따를 때 산지가 어디인지 정도는 설명해줄 수 있도록 하라고 알려주는 것도 좋은 방법이다. 약간 어려운 나라 이름이 적혀있는 수입 와인과 달리, 사케는 산지가 어디인지 보자마자 알 수 있다. 라벨에 '쌉쌀한 맛'이라그 적혀있는 경우가 많은데, 이를 미리 봐뒀다가 "뒷맛이 아주 쌉싸름하고 깔끔한 술입니다."라고 설명하는 것은 전혀 어려운 일이 아니다. "이건 제 고향에서 만든 술입니다."라고 소개할 수도 있다. 사케에 어울리는 메뉴를 추천하는 것도 와인보다는 쉽다. 이런 식으로 사케를 주문한 손님에게 추천하였더니 생선회의 매상이 종전의 두 배로 껑충 뛰기도 했다.

설령 사케에 대해서 설명을 잘하지 못한다고 해도 서빙하는 아이가 "저는 쿠미라고 해요. 제가 한잔 올리겠습니다!"라고 말하면 손님은 "아, 쿠미 양. 고마워요."라면서 좋아할 것이다. 이렇게만 해도 손님과 자연스레 가까워질 수 있다.

전문 요리사가 있는 일식집에서는 무리겠지만 이자카야라면 이런 식의 접객이 얼마든지 가능하다. 점장은 직원들에게 자신이 가지고 있는 접객 노하우를 평소에 틈틈이 알려주는 게 좋다.

야단치기만 하는 점장 밑에서는 직원들이 제대로 성장할 수 없다. 매번 혼나기만 하는데 의욕을 가지고 있을 사람은 없다. 따라서 할 줄 아는 게 아무것도 없는 아르바이트 직원이라고 해도 잘한다고 칭찬해줄 필요가 있다. 예를 들어, "네가 우리 가게에 들어와 준 덕분에 화장실이 엄청 깨끗해졌어. 손님들도 아주 좋아하더라."라고 말해줄 수 있다. 이런 칭찬을 들으면 직원들도 당연히 기뻐할 것이고 일도 더 열심히 할 것이다.

말주변이 없는 점장 녀석이 있었는데, 일이 서툰 직원이 새로 들어올 때마다 말로 일일이 가르치기가 힘들어 교환일기를 쓰기 시작했다. 그랬더니 자연스레 그 직원의 행동을 유심히 살펴보게 되었다고 한다. 아르바이트 직원의 입장에서는 '하루빨리 일을 익힐 수 있도록 최선을 다하겠습니다!'라는 것 외에는 일기장에 쓸 만한 말이 없었겠지만, 어쨌든

새로운 직원이 들어오면
점장은 스스로 한 번 더
성장할 좋은 기회를
마련할 수 있다.
어떻게 일을 가르쳐주면
좋을까 하고
생각하는 것만으로도
성장하는 데 보탬이 된다.

점장이 늘 자기를 지켜봐 주고 있음을 의식하게 되면서 차츰 일에 재미를 붙이게 되었다고 한다. 하고 싶은 말을 글로 표현하면 '어떻게 쓸까, 어떻게 전달하는 게 좋을까' 하고 생각을 차분히 정리해볼 수 있다. 바로 이런 장점 덕분에 좋은 결과를 낳은 것으로 보인다.

새로운 직원이 들어오면 점장은 스스로 한 번 더 성장할 좋은 기회를 마련할 수 있다. 어떻게 일을 가르쳐주면 좋을까 하고 생각하는 것만으로도 성장하는 데 보탬이 된다.

지금 당장 할 수 있는 것부터 실천하자

점장이 바뀌면 아무래도 매상이 조금은 줄어들게 되어있다. 새로 부임한 사람이 점장 일을 처음 맡아서 그럴 수도 있고, 전임자가 어느 곳에 가든 따라다니는 단골 고객 때문일 수도 있다. 줄어든 매상은 다시 끌어올리면 된다. 다만, 절대로 해서는 안 되는 행동은 점장 회의처럼 여러 사람이 모인 자리에서 부정적인 이야기만 잔뜩 늘어놓는 것이다. '말이 씨가 된다'는 속담처럼 부정적인 말만 계속 입에 담으면 실제로 그런 일이 일어날 확률이 높아질 수 있다.

지금 당장은 장사가 잘 안 되더라도 매상을 올리기 위해 앞으로 어떻게 해보겠다는 식의 건설적인 사고를 해야 한다. 고민이 아무리 많아도 활짝 웃으며 긍정적인 자세로 일하는 아이들이 성과가 훨씬 좋다.

예를 들어, 일손 부족으로 힘들어도 불평하지 않고 '사람이 몇 명 안되는 데도 이번 달 매출을 이렇게나 많이 올렸다!'라고 긍정적인 말로 표현할 수 있다. 그리고 매출이 전반적으로 늘지 않더라도 특별히 공을 들인 메뉴 한 가지에 초점을 맞춰 '이걸 이만큼이나 팔았다!'고 이야기할 수도 있다. 이렇게 긍정적인 표현을 구사하다 보면 머지않아 직원들에게도 좋은 에너지가 퍼져서 더욱 열심히 일할 수 있게 된다.

오래전에 독립한 녀석들 중 아내의 처가 식구들이 사는 지역에서 가게를 연 아이가 있다. 성실하지만 숫기가 없어서 접객에는 그리 능하지 못했다. 나는 이 친구에게 점포 중 한 군데를 맡기고 점장으로 임명했는데, 전임자가 여러모로 능력이 출중했던 탓에 자신은 도대체 무엇을 어떻게 해야 전임자보다 못하다는 소리를 듣지 않을까 하고 노심초사했었다고 한다. 자신이 잘 할 수 있는 일은 무엇일까 고민한 끝에 가장 먼저 생각해낸 것은 가게를 번쩍번쩍 윤이 나게 청소하는 일이었다. 바닥에 붙어 있는 아주 작은 얼룩까지 끝을 가져다가 완전히 벗겨냈다. 청소 상태 하나만 놓고 봤을 때 다른 어느 곳에도 뒤지지 않는 가게라는 이야기를 듣고 싶었던 것이다. 결코 어려운 일은 아니었지만 이를 계기로 그가 가졌던 '누구한테도 뒤지지 않는다'는 자부심은 점장으로서 가져야 할 자신감으로 연결되었다.

이 친구의 아내는 꽤 미인이다. 가게 손님으로 왔다가 점장 녀석이 사랑을 고백하여 부부의 연을 맺게 됐다. 아무리 생각해봐도 자기처럼 말주변 없는 사람이 어떻게 이렇게 아름다운 사람에게 구애할 수 있었는지 놀랍기만 하다고 한다. 숫기는 없어도 아내에게 최선을 다해 사랑을 고백할 정도의 열정을 가진 녀석인 만큼 손님들에게도 충분히 좋은 느낌으로 다가갈 수 있으리라고 본다. 독립한 뒤 차린 가게는 전철역에서 조금 떨어진 곳에 있었는데도 사람이 많았다. 점장이 된 뒤 남에게 뒤지지 않는 깔끔한 가게로 재탄생시켜본 경험이 성공의 밑거름이 된 것이다.

고민한다고 손해 볼 것은 없다고 생각한다. 가게를 더 좋은 곳으로 변신시키고 매상을 조금이라도 더 끌어올리려고 애를 쓰는 것이니까. 다만, 간단한 일이어도 좋으니 지금 당장 할 수 있는 것부터 생각한 뒤 이를 실행해 옮기면 무엇이 달라질지를 머릿속에 그려보기를 바란다. '번쩍번쩍 광이 나는 가게'처럼 말이다. 고민만 할 뿐 행동으로 옮기지 못하는 이유는 매사를 지나치게 어렵게 생각하기 때문이다. 너무 어렵게 생각해서 결국 아무것도 하지 못하는 것보다는, 지금 당장이라고 할 수 있는 일부터 하나씩 풀어나가야 목적지에 하루라도 빨리 도달할 수 있다.

내가 커피숍에서 일할 때 손걸레질을 하고 있으니 윗사람이 와서 칭찬해줬다는 이야기를 앞에서 했는데, 내가 상상했던 일이 실제로 눈앞에서 벌어지니 월급이 오른 게 아니었는데도 너무 놀랍고 기뻤다. 행동하지 않으면 달라지는 것도 없다. 머릿 속에 그려왔던 모습을 차근차근 실행에 옮기다 보면 주변의 많은 것들도 자연스레 달라진다. 그리고 이러한 경험을 반복하다 보면 어느새 상상했던 것 이상으로 크나큰 자신감을 가질 수 있다.

아르바이트생도 참석 가능한
점장 회의를 통해 알 수 있는 것

우리는 한 달에 한 번 점장 회의를 한다. 예전에는 내가 주제를 정하고 그것에 관해 설명하거나, 뭔가 배울 점이 있는 가게를 선정한 뒤 그곳에서 내가 발견한 것이 무엇인지 소개하곤 했다. 하지만 몇 년 전부터는 스타일을 바꿔서 점장 한 사람 한 사람이 다른 사람들 앞에서 자신의 이야기를 들려주게끔 했는데, 이렇게 하길 잘한 것 같다. 주제는 본인이 알아서 정하는 방식으로, 대부분 어떤 장소를 가봤는데 좋았다든지 자기 가게에서 어떤 걸 해봤는데 앞으로는 무엇을 해볼 생각이라는 등 동료들에게 다양한 이야기를 들려준다.

 한 친구는 가게 안이 혼잡할 때 계속 손님이 밀려드는 바람에 난처했던 경험을 소개했다. 이미 주문받은 음식을 만들어 내는 것도 힘에 부치는 데다 요리가 빨리빨리 안 나온다고 불평을 할까 봐 빈 자리가 있었는데도 손님을 받지 않았다고 했다. 자기 딴에는 합리적인 선택을 했다고 생각할 수는 있지만, 가게 안이 북적여도 손님이 기분 상하지 않게 응대할 수 있는 방법은 얼마든지 있다. 마침 그 이야기를 들은 다른 점장이 실질적인 해결책을 하나 소개했다. 일단 문 앞에서 잠시 기다리게 한 뒤 미리 주문할 수 있도록 메뉴판을 가져다주면 된다는 것이었다. 이렇게 먼저 주문을 받아 놓으면 손님이 자리에 앉을 즈음에는 한두 가지 메뉴가 완성되니 불평 들을 일이 없다는 이야기였다.

 '이렇게 팔아보니 잘 팔렸다'든지 '이런 메뉴를 만들어봤는데 잘 안 팔렸다'든지 하는 이야기는 언뜻 대수롭지 않게 들리지만, 사실은 모두가 현장에서 즉시 활용할 수 있는 '살아있는 정보'다.

 물론 이런 정보를 제대로 활용하려면 현장에 돌아가서 직원들에게 빠짐없이 전달해야 한다. 나중에 기억이 잘 안 날까 봐 꼼꼼히 메모해두는 친구들이 있다. 나는 메모하라고 강요하지는 않지만 성공하는 친구들을 보면 기록하는 습관부터 남다르다.

한편, 점장 회의라는 의미 있는 자리에서 많은 사람을 앞에 두고 자신의 이야기를 들려주는 경험을 해보는 것도 성장하는 데 매우 큰 도움이 된다. 처음에는 어색하고 어려워도 반복해서 하다 보면 어느새 몸에 붙게 마련이다. 결혼식 주례도 서너 번 해보면 그다음부터는 아주 매끄럽게 진행할 수 있는 것처럼 말이다. 모두가 배꼽을 잡게 할 만큼 이야기를 재밌게 잘하는 녀석들이 있는데, 이 친구들 모두가 유머감각을 타고난 것은 아니다. 처음엔 서툴러도 많은 사람이 모이는 자리에 매달 참석해서 꾸준히 연습하다 보면 얼마든지 표현력을 기를 수 있다. 동료들을 재밌게 해줄 수 있는 사람은 손님도 얼마든지 즐겁게 해줄 수 있을 것이다.

점장 회의에는 어떤 직원이든 본인이 원하면 참석할 수 있다. 심지어 아르바이트 직원이 참석하기도 한다. 이는 그만큼 그 위에 있는 점장이 솔선수범해서 좋은 가게를 만들어가고 있다는 뜻이다. 그리고 이런 까닭에 이자카야 겐주 또는 점장을 장

래의 직업으로 진지하게 고려해보게 됐을 수도 있다.

　점장이 늘 웃는 얼굴로 최선을 다하는 곳은 그 밑의 직원들도 그대로 본받게 마련이다. 인상을 찌푸리며 일하는 곳에서 손님들의 웃음꽃이 피어날 리 없다.

아르바이트생에게 필요한 '경영자 마인드'

내가 지방으로 시장조사를 갔을 때의 일이다. 점장이 교체된 우리 가게가 매출 목표를 달성했다는 전화를 받았다. 연락한 사람은 다름 아닌 신입 아르바이트생이었다. 점장이 일부러 그 아이에게 부탁했을 게 분명하다.

아르바이트생에게 매출실적을 보고하는 일을 맡기면, 그것만으로도 '경영에 참여하고 있다'는 느낌을 갖게 할 수 있다. 매출이 오르면 함께 기뻐할 것이고, 음식을 파는 기쁨이 무엇인지 차츰 실감하게 될 것이다. 손님을 대할 때도 조금이라도 더 많이 팔아야겠다는 생각으로 다가갈 테고, 결국 가게의 성장에도 도움이 될 것이다.

　음식점에서는 아르바이트생의 역할이 80%이고 직원들의 역할은 20%밖에 안 된다. 직원들이 아무리 애를 써봤자 아르바이트 직원이 의욕이 없으면 손님들에게 좋은 가게로 비춰질 수 없다.

　따라서 아르바이트생이 '경영자 마인드', 즉 자신의 가게를 직접 운영한다는 생각으로 보람차게 일할 수 있는 환경을 조성하는 것이 매우 중요하다.

　우리 가게 중 한 곳은 점장이 아르바이트생들에게 노트를 지급한다. 어떤 내용이든 상관없으니 아무거나 적어보라고 이야기한다고 한다. 뭔가 어려운 내용을 쓰라는 건 아니다. 오늘은 이런 손님이 있었다든지 이런 서비스를 했더니 손님들이 좋아했다든지 하는 매일 일터에서 경험하는 소소한 것들을 적어보라는 거다.

　결과가 어땠든지 물어보니 아르바이트생들은 이것저것 노트에 기록하는 과정에서 자신이 하는 일에 대해 조금 더 잘 이해하게 되었고 다른 직원들이 얼마나 많이 노력하고 있는지 깨닫게 되었다고 했다. 노트 한 권 선물했을 뿐인데 서로가 더 가까워진 것이다.

일하는 사람끼리 사이가 좋은 가게에 몸담았던 아이들은 일을 그만둔 뒤에도 손님으로서 가게에 자주 들른다. 친구들에게 '참 좋은 가게'라고 소개해주기도 하는데, 그 덕분인지 친구들이 소개를 통해 우리 가게에서 아르바이트로 일하는 경우도 있다. 반대로 아르바이트생들이 '저 가게 점장은 사람이 참 못됐어'라며 손가락질하는 가게는 직원들끼리도 사이가 별로 좋지 않고 분위기가 어딘지 모르게 어둡다.

아르바이트생들이 미소 지으며 열심히 일할 수 있는 환경을 조성하는 것은 너무나도 중요한 일이다. 그러려면 그들의 기분과 감정을 잘 헤아릴 줄 알아야 한다. 이는 점장뿐만 아니라 모든 직원이 반드시 염두에 둬야 하는 사실이다. 잘 모르는 직원이 있으면 점장이 알기 쉽게 설명해줘야 한다.

예를 들어, 아르바이트생에게 잔소리를 해야 할 것 같으면 타이밍을 잘 살펴야 한다. 영업 시작 직전에 혼을 내면 손님을 밝은 얼굴로 맞이하기 어렵다. 어떤 식으로 훈계해야 할지 고민하는 경우가 많은데, 이 못지않게 훈계하는 시점에 대해서도 결코 간과해서는 안 된다.

음식점이라는 곳은 손님을 맞이하는 과정에서 자연스레 사람 간에 소통하는 방법을 익힐 수 있는 장소다. 따라서 훌륭한 점장들은 아르바이트 직원에게 '이곳에서 배운 것은 다른 곳에 취직한 뒤에도 반드시 도움이 될 것'이라고 말하곤 한다.

실제로, 사회인이 되어 우리 가게에 술을 마시러 온 아이들 대부분이 '아르바이트할 때 배웠던 것이 현재 하는 일에도 여전히 도움이 된다'고들 이야기한다. 아르바이트생으로 일했던 아이들이 세월이 흐른 뒤 손님이 되어 다시 찾는 가게라면 정말 좋은 곳임이 분명하다.

한 편의 '성공 드라마'가
직원들을 성장시킨다

독립해서 자신의 가게를 갖게 되면 점포 세 곳 정도는 함께 운영해야 안정적인 유지가 가능하다. 그러려면 일을 믿고 맡길 수 있는 직원을 키워내야 한다. 그 전까지는 사업을 확대하지 않는 게 낫다.

우리 가게에서 독립한 친구 중에는 2호점을 차릴 때 본인이 키운 직원을 채용하지 않고 우리 가게에서 일하던 아이를 꼬드겨서 데리고 간 녀석이 있다. 두 번째 가게를 낼 정도로 능력이 출중한 C-이인데 그런 행동을 하다니 참으로 안타까웠다.

가게 운영을 믿고 맡길 수 있을 정도로 직원을 키워내는 일은 여간 어려운 게 아니다. 따라서 그런 인재를 하루아침에 빼앗아가 버리면 타격을 받을 수밖에 없다. 이런 이유 말고도 '남의 직원을 함부로 데려가지 말라'고 내가 누차 이야기하는 까닭은 또 있다.

　내 가게를 갖게 되면 일단은 꿈을 이룬 것 같은 기분에 가슴이 벅차오르기도 하지만 영업 초기부터 손님이 북적거린다고 장담할 수는 없다. 그 때문에 마음고생도 심하게 할 수 있다. 손님이 한 명도 없는 날도 있을 것이고 기타 여러 가지 힘든 상황을 겪어가면서도 함께 아이디어를 내고 부단히 노력해 서서히 방문하는 사람이 늘고 단골도 생기며 결국 인기 있는 가게로 일구어내는 과정을 함께한 사람을 어떻게 함부로 빼간단 말인가. 또 이렇게 힘든 시절을 함께한 직원은 반드시 성장하게 되어있다. 개업 초기부터 쌓아온 이런 경험은 그 직원이 자기 가게를 차릴 때도 매우 큰 도움이 된다. 그리고 '사장님 밑에서 배우기를 정말 잘했습니다.'라는 말을 듣게 된다면 가게 주인 입장에서는 그만큼 보람 있는 일도 없다.

우리 가게의 점장 중에서도 직원을 육성하는 데 최선을 다하는 친구가 있는가 하면 그렇지 않은 친구도 있다. 정말 많은 노력을 기울였던 점장 중에 중졸인 아이가 있었다. 일을 배우는 속도가 조금 늦은 아르바이트생이 들어오면, "이 세상에서 가장 일 잘하는 친구가 들어왔습니다!"라고 사람들에게 우렁찬 목소리로 말하곤 했다. 본인이 아르바이트생을 그런 사람으로 키워내겠다는 포부를 밝힌 것이었다.

이와 반대로, 태도가 좋지 않다든지 인사를 제대로 안 하는 아르바이트생이 있어도 전혀 신경 쓰지 않는 점장들도 있다. '쓸모없는 녀석'이라고 속으로 욕하면서도 스스로 그만둘 때까지 방치한다. 이렇게 해서는 '한 편의 성장기'는커녕 짧은 이야기 한 토막도 제대로 써 내려갈 수 없다.

처음에는 형편없었던 아르바이트생을 열심히 가르치고 독려해서 6개월 후 그 누구보다도 유쾌한 목소리로 인사할 줄 알고 센스 있는 행동으로 손님을 즐겁게 해드릴 줄 아는 아이로 키워낸다면, 이 또한 한 편의 성장 드라마를 쓴 것이나 다름없다. 그리고 그런 경험을 한 점장의 말 한마디 한마디는 상대방에게 설득력 있게 들리기 마련이다. '이 친구를 내가 키워냈다'라고 할 수 있을 만한 사례를 조금씩 늘려 가다 보면 손님이 끊이지 않는 가게를 일궈가는 데에도 큰 도움이 될 것이다.

나는 왜 대형 음식 체인점에서 아르바이트를 하는지 잘 모르겠다. 자기 가게를 열 마음이 없다고 해도 이왕 요식업계에서 일할 거라면 그곳에서 일하는 사람들의 드라마를 직접 목격할 수 있는 쪽이 더 낫지 않을까. 대형 음식 체인점에서도 윗사람들이 일을 가르쳐주기는 한다. 다만 그들은 자신의 역할에 한해서만 책임을 질 뿐, 가게 운영 중에 발생하는 리스크를 감당해야 할 책임까지 지지는 않는다. 이런 사람들에게서는 계속해서 회자될 만한 드라마가 탄생하기는 어렵다.

오사카에는 해산물 요리로 유명한 포장마차가 있다. 위치가 좋은 곳도 아닌데, 비가 부슬부슬 내리는 날에도 영업을 개시하기 전부터 수많은 사람이 장사진을 치고 있다. 성게알과 연어알을 그릇에 넘치도록 담아낸 요리가 특히 인기다. 대단한 것은 항상 가게 주변을 눈이 부실 정도로 깨끗하게 청소해 놓는다는 사실이다. 얼마나 열심히 쓸고 닦는지 너무 힘들어서 일주일에 나흘밖에 영업을 못 할 정도라고 한다. 언젠가 자신의 가게를 열고자 하는 아이들에게는 이렇게 성공한 사람들의 삶을 가까이서 지켜보는 것만으로도 매우 큰 도움이 된다.

'라이벌'이 없으면 성장도 없다

'라이벌'은 성공의 필수조건이다. 우리 가게 직원들과 독립한 친구들은 함께 자주 술을 마시러 다닐 만큼 사이가 좋지만, 한편으로는 서로가 라이벌 의식을 불태우고 있기도 하다.

동료의 가게에 손님이 많다는 이야기를 들으면 모두 엄청나게 의식한다. 잘 하고 있구나 싶으면서도 지고 싶지 않은 마음이 분명 있다. 이렇듯 경쟁이 뜨거운 이유는 우리 가게에서 일하는 아이들 모두 출발지점이 동일하기 때문이다. 가게에 처음 막내로 들어올 때는 다들 요리 실력도 형편없고 모아둔 거라곤 한 푼도 없지만, 일을 배우고 돈을 모아 결국에는 독립한다. 나는 아이들에게 밥은 가게에서 해결하고 5년 안에 600만 엔을 모으는 것을 목표로 하라고 누누이 이야기한다. 실제로 그 정도 목돈을 모으는 아이들이 있는데, 다른 아이들은 그 모습을 보고 '저 녀석도 모았는데 나라고 못 할 이유는 없다'고 생각하고 저축에 열을 올리기 시작한다. **동료의 성공은 오롯이 직원들 자신의 성장을 이끄는 원동력이 되는 것이다.**

라이벌 의식을 가지려면 구체적으로 이름을 떠올릴 수 있는 상대가 있는 것이 좋다. 대부분 동기나 동년배를 라이벌로 삼곤 하는데, 이외에도 경쟁 상대로 삼을 만한 사람들은 많다.

독립하려고 준비 중인 녀석이 이미 오래전에 자기 사업을 시작한 녀석OB과 동일한 지역에서 가게 자리를 알아본 적이 있다. OB가 좋은 자리를 선점하자 '한 방 먹었다'면서도 '그 선배한테 절대 지지 않을 거'라며 진심으로 자신을 채찍질했다. 사업에 성공하려면 이 정도의 승부욕은 있어야 한다.

이런 상황에서 '저 사람은 운이 참 좋구나'라면서 자포자기한다면 평생 성공과는 거리가 먼 삶을 살 수밖에 없다. 좋은 의미에서 남의 성공을 시샘할 줄 알아야 독립한 뒤 자신만의 세계를 공고히 구축해나갈 수 있다.

먼저 독립한 선배들을 반면교사로 삼게 하는 것도 좋은 방법이다. 그동안 우리 가게에서 독립한 친구들은 수백 명도 넘는다. 크게 성공한 아이들도 있는가 하면 그렇지 못한 아이들도 있다.

그중에는 장사가 생각만큼 잘 안 되는 바람에 부득이하게 폐점한 경우도 있다. 조만간 독립하려고 준비 중인 아이들이 이러한 현실을 보게 되면, 자신 또한 같은 일을 겪지 않기 위해 무엇을 어떻게 해야 할지 진중히 고민해보게 될 것이다. 성공 사례뿐만 아니라 실패와 시련의 사례까지 두루 살펴보고 시사점을 정리해보는 과정은 독립을 희망하는 아이들에게 소중한 자양분이다.

독립 후 어느 정도 시간이 흐른 뒤에 두 번째 점포를 열 수 있을 만한 여력이 생기면, 대개 기존 점포는 자신의 오른팔 역할을 하는 직원에게 맡기는 경우가 많다. 이때 반드시 주의해야 할 것은 그 직원의 개성을 말살하지 않는 일이다.

나는 점장의 개성이 오롯이 드러나는 가게를 좋아한다. 하지만 2호점, 3호점에서까지 그 색깔을 똑같이 유지하려고 하다가는 그다지 바람직하지 않은 결과가 초래될 수도 있다. 내가 아는 사람은 직원이 자신과 조금 다른 이미지를 풍기는 것 같으면 버럭 화를 낸다. 직원이 아무리 노력해도 100% 똑같은 분위기를 낼 수는 없다.

나는 자신의 색깔로 직원을 물들이려 하기보다는 직원이 하고 싶은 것을 마음껏 할 수 있게 해주는 것이 더 바람직하다고 생각한다. 제일 중요한 것은 손님을 즐겁게 해주는 일이기 때문이다. 누군가를 따라 해야 한다는 부담이 마음 한구석에 있으면 아무래도 손님을 대하는 태도가 부자연스러울 수밖에 없다. 그리고 직원의 도움을 받아야 더 재밌고 유쾌한 가게 분위기를 연출할 수 있다.

직원들은 가게 주인이 자신의 개성을 말살하려 들면 일을 도와주기는커녕 반발심이 들어 머지않아 멀리 떠나버리고 말 것이다.

제4장

사업 성공의 실마리는 늘 근처에 있다

잘 팔리는 메뉴를 만드는 방법

음식을 만들고 대접하는 시나리오 전체를 머릿속에 그려라

얼마 전에 있었던 일이다. 직원 녀석들이 열심히 일하는 모습을 보고 나도 다시 현장을 온몸으로 느끼고 싶다는 생각이 들어 몇 년 만에 가게에 나갔다. 일단 일을 본격적으로 시작하고 나니 머릿속에 떠오른 아이디어를 바로 테스트해보는 게 재밌어 밤마다 아침이 빨리 왔으면 하고 애를 태웠다.

현장에서 물러난 후로는 거리를 걷다가 혹은 어떤 가게에 들렀다가 우연히 어떤 아이디어가 떠오르면 곧바로 가게 직원들과 전화와 팩스로 공유하곤 했다. 하지만 아무리 좋은 걸 발견했다고 흥분된 목소리로 설명해줘 봤자 실제로 보고 겪지 않은 입장에서는 충분히 공감하기 어려웠다. 그들 머릿속에는 '이미지'가 선명하게 떠오르지 않으니 현장에서 적용해 보기도 쉽지 않았을 것이다.

머릿속에 '이미지'를 떠올린다는 것은, 음식으로 말하자면 만들고자 하는 요리뿐만 아니라 요리를 대접받은 손님이 기뻐하는 모습까지 상상하는 것을 의미한다. 시나리오 전체가 완벽하게 그려져야 비로소 잘 팔리는 메뉴를 완성할 수 있다. 어디까지나 장사기 때문에 요리 자체만 신경 써서는 안 된다. 가장 중요한 것은 그것을 손님에게 '파는' 일이다.

물론 기본적으로 음식을 만드는 사람이 스스로 '맛있다', '먹는 재미가 있다'라고 확신하지 못하면 손님에게도 적극적으로 권할 수 없다. 하지만 요리를 서비스하는 과정 또한 재미가 있어야 한다. 나는 가게에 나가서 낮에 떠올린 아이디어를 저녁에 곧바로 적용하고 손님의 반응을 살폈다. 직원들도 자연스레 이 모든 과정을 지켜볼 수 있었다. 이렇게 재밌는 일이 세상에 또 있을까 싶었다.

나는 생각한 것을 그 즉시 해봐야 직성이 풀리는 성격이다. 머릿속에 떠오른 지 얼마 되지 않아 아직 따끈따끈할 때 실행해야 효과가 극대화되기 때문이다. 물론 아이디어가 100% 성공하는 것도 아니고 손님의 호응이 조금 부족한 경우까지 생각하면 실패로 돌아가는 확률이 더 높을지도 모른다. 하지만 이렇게 시행착오를 거듭해나가야 비로소 손님을 만족시킬 수 있는 메뉴라든지 서비스를 창안해낼 수 있다.

우리 가게 점장 중 한 아이는 2박 3일 일정으로 후쿠오카에 가서 11개나 되는 음식점을 돌아보고 왔다며, 여러 아이디어가 막 떠올라서 곧바로 메뉴에 반영해보려 한다고 했다. 견학 간 길에 떠올린 아이디어를 돌아오자마자 바로 적용해보지 않으면 의미가 없는 만큼 아주 바람직한 태도라고 생각했다. 다만, 젊은 직원들일수록 다른 가게에서 뭔가 새로운 메뉴를 경험하고 나면 '그렇게 맛있는 음식은 처음이라 엄청 감동했다'든지 하면서 공이 많이 들어가는 새로운 메뉴를 시도해보려 하기 일쑤다. 하지만 이자카야에서는 지금까지 먹어 본 적 없는 새로운 요리를 선보이는 것은 생각보다 큰 효과가 없다. 그보다는 지금까지 늘 취급해왔던 요리와 식재료를 가지고 '이런 식으로 손님에게 대접하니 인기가 좋더라'라는 식의 재미와 흥미 관점에서 접근하는 것이 더 바람직하다.

매상을 올리는 데 도움을 줄 무기는 자신이 지금까지 본 적도, 들어본 적도 없는 새로운 곳에 있는 것이 아니다. 아직 발견하지 못했을 뿐 늘 자기 가까이에 있다.

수십 년 전, 야키니쿠*가 대중화되지 않고 비싸던 시절의 일이다. 야키니쿠 가게에 갔더니 고기를 싸서 먹으라며 상추를 함께 내왔다. 나는 채소를 싫어하는 사람인데도 고기를 상추에 싸서 먹으니 너무 맛있어서 감동하고 말았다. 그래서 바로 다음 날부터 상추보다 더 구하기 쉬운 잎채소를 가져다가 '처소쌈 비프스테이크'라는 메뉴를 만들어 팔기 시작했다. 만들기가 무척이나 쉬운 메뉴였지만 순식간에 우

● 焼肉, 소, 돼지 등의 고기와 내장에 소스를 바르고 직화로 구워서 먹는 요리: 옮긴이 즈

리 가게 대표 메뉴로 떠올랐다. 우리 가게 같은 이자카야에서는 음식을 만드는 데 공을 들이느냐 들이지 않느냐는 매상과는 아무런 관계가 없다. 만들기 간단하지만 맛있고 먹는 내내 손님들을 즐겁게 해줄 메뉴, 그런 게 딱 맞다.

잡지를 보다가 어떤 유명한 이탈리아 음식점에서 마에와리•를 와인잔으로 제공한다는 이야기를 접하고는 참 괜찮은 아이디어로구나 싶었다. 마에와리는 소주가 물에 희석되어 순하고 맛이 좋아서 우리 가게에서도 이미 취급하고 있던 메뉴였지만 잔을 바꾸는 것만으로도 순식간에 색다르고 멋있는 음료로 탈바꿈시킬 수 있어서 좋았다. 더군다나 와인잔은 이미 가게에 준비되어 있으니 잔을 구입하는 데 돈이 들어갈 일도 없었다. 그리고 소주는 맥주보다 원가가 더 저렴하니 한번 시도해보지 않을 이유가 없었다.

그래서 곧바로 내가 출근하는 가게에서도 도전해봤더니

• 前割, 물을 타서 농도를 희석시킨 소주: 옮긴이 주

매상을 올리는 데
도움을 줄 무기는
자신이 지금까지
본 적도, 들어본 적도 없는
새로운 곳에
있는 것이 아니다.
아직 발견하지 못했을 뿐
늘 자기 가까이에 있다.

손님의 반응이 꽤 괜찮았다. 손님들은 조금 멋스러운 유리병에 담은 마에와리를 따르는 모습을 보고는 "우와. 와인잔이네요!"라고 하면서 무척 기뻐했다. 그런 모습을 보면 나 역시 기쁨을 감출 수 없다.

나는 새로운 메뉴를 구상할 때 반드시 그것을 손님에게 제공하는 전 과정을 머릿속에 떠올려본다. 메뉴와 함께 제공할 재밌는 부가 메뉴도 구상한다.

앞에서 말한 마에와리의 경우에도, 마에와리뿐만 아니라 레드 와인에 절인 랏쿄*를 유리병에 담아서 함께 가져다주면서 "안주로 들기 좋습니다."라는 말을 곁들이는 게 좋지 않을까 상상해본다. 그리고 랏쿄도 그냥 제공하기보다는, "병에서 직접 덜어 드시면 150엔으로 할인해 드리겠습니다."라며 작은 국자를 건네주고는 "단, 한 알이라도 떨어뜨리면

● 辣韭, 마늘과 비슷한 식물로, 식초나 간장에 절여서 먹는 경우가 많음: 옮긴이 주

가격이 두 배가 됩니다."라며 게임을 제안하듯 허보는 것도 고려해볼 만하다. 랏쿄 하나만으로도 손님을 즐겁게 해줄 수 있고 마에와리의 부가 메뉴로서도 확실히 자리매김할 수 있을 것이다.

메뉴뿐만 아니라 손님과의 짧은 대화는 그들을 단골손님으로 만들 수 있는 절호의 기회가 된다. 예를 들어, 나는 가게로 '복귀'하고 나서 밤 10시만 되면 그날 일을 마치고 내 가게에서 술을 한잔했다. 그때까지 주방에 있던 아저씨가 갑자기 평상복으로 갈아입고는 아무 말도 없이 술을 걸치고 있으면 손님들이 의아하게 생각할 수도 있어서 옷을 갈아입고 나오자마자 손님들에게 "노인노동기준법상 오후 10시 넘어서까지 일하는 건 금지되어 있으니 오늘 일은 이만 마치려고 합니다."라고 정식으로 인사했다. 그랬더니 손님들은 다들 재밌어하며 내가 말한 것을 소재 삼아 대화를 이어갔다. 그래서 나는 "가게 점장인 저는 내일 다시 오겠습니다."라고 하고는 손님들 한 데 섞여 담소를 나눴다.

메뉴든 접객이든 하나하나가 대단할 필요는 없다. 소소한 것들이라도 적절히 조합해 재밌게 구사하는 것이 가게 이미지를 형성하는 데 도움이 된다. 작지만 재밌는 경험이 쌓여 '이 가게 뭔가 다르긴 하네.'라고 느낀 손님들이 자주 찾아주며 자연스럽게 단골이 되어 줄 것이다.

사업 성공의 실마리는 늘 근처에 있다

작은 가게가
대기업과 싸워 이기려면

나는 새로 가게를 낼 때 전철역 바로 앞이 아니라 걸어서 5, 6분 정도 걸리는 곳에 자리 잡는다. 걸어오는 동안 '이쪽이 맞나?' 하고 살짝 헤매면서도 동네의 운치에 흠뻑 빠질 만한 곳이라면 더할 나위 없다.

이런 지역에도 대형 음식 체인점이 들어서곤 한다. 그럴 때마다 긴장하기는커녕 '우리 가게도 장사가 잘 되겠구나' 하고 생각한다. 대기업이 선택했을 정도면 그만큼 유동인구가 충분하다는 뜻일 테니까. 수요가 어느 정도 뒷받침되는 곳에서는 오로지 음식을 만들고 서비스하는 일에만 신경 쓰면 된다.

심지어 우리 가게와 동일한 메뉴를 취급할 때도 있는데 그러면 오히려 잘된 일이라고 생각한다. 예를 들어 대형 음식 체인점에서 소고기두부조림을 팔기 시작하면, 대개 전문 사진작가가 찍은 사진을 아주 크게 뽑아서 가게 앞에 내걸곤 한다.

10명 정도의 대규모 인원이 회식하는 경우라면 몰라도 소고기두부조림이라는 메뉴로 2~3명 정도 되는 일행을 매료시키는 데는 대형 사진으론 어림없다. 이때 필요한 것은 탁월한 접객이다.

소고기두부조림은 4등분한 양파를 소고기와 함께 볶은 뒤 제 모양을 탄력 있게 유지하고 있는 두부 위에 얹은 음식이다. 손님에게 가져다주면서 "맛의 비밀은 바로 양파에 있어요. 어서 한번 드셔보세요!"라고 정감 있는 말을 덧붙이면, 자연스레 재방문을 유도할 수 있다. 작은 가게에서 파는 것은 음식만이 아니다. 반드시 스토리를 곁들여야 한다.

나는 유명한 라면 체인점에 자주 들른다. 술을 마셔서 배가 부른 상태에서 가더라도 부담 없이 먹을 수 있는 메뉴들도 준비돼 있어서, 갈 때마다 그 세심함에 감탄하곤 한다. 메뉴판에 '밥 반 공기'라고 쓰여 있는 걸 보면 '감사하다'라는 생각마저 든다. 다른 곳에서는 밥을 먹고 싶으면 무조건 한 공기를 시킨 뒤 남기든지 해야 하기 때문이다.

그리고 반 공기를 손님에게 가져다주면서 "저희는 원래 밥을 많이 담아 드리지단 손님이 원하면 이렇게 반 공기만 드리기도 합니다."라고 말하면 뭔가 특별한 인상을 남길 수 있다.

물론 이렇듯 손님이 원할 만한 메뉴를 세심히 기획해서 메뉴판에 잘 적어두는 것도 중요하지만 그 손님을 열혈 고객으로 만들기 위해서는 그 이상의 노력이 필요하다.

나는 이자카야에서는 반드시 직원들이 먹을 카레를 준비해 둬야 한다고 생각한다. 가게에 카레가 있는 걸 알면 손님들은 술을 마신 뒤에 해장용으로 분명히 먹고 싶어 할 것이기 때문이다. 특히 손님이 많은 금요일 저녁에 넉넉히 만들어 놓으면 아주 요긴하게 활용할 수 있다. 다만, 아무리 많이 만들어도 절대로 메뉴판에 적어놓아서는 안 된다. 메뉴판에 없는 걸 대접해야 감동이 커지기 때문이다. "실은 저희

직원들 먹으라고 만들어 놓은 카레가 있는데요. 술 마신 뒤에 이만한 게 없더라고요."라고 하면서 슬쩍 알려주면 좋아하지 않을 사람이 없다. 어디까지나 '술집에서 주는 카레'인 만큼 큰 접시에 담아줄 필요는 없고 작은 사발 정도면 충분하다.

손님이 먹다 남긴 음식도 가게의 매력을 한껏 발산할 수 있는 무기로 활용할 수 있다.

예를 들어 우리 가게의 대표 메뉴 중 하나인 닭튀김은 양이 제법 되기 때문에 다 먹지 못하고 남기는 경우가 종종 있다. 이럴 때는 남은 음식으로 간단한 안주로 만들어주겠다고 하고 닭고기를 먹기 좋게 찢은 뒤 채소를 곁들이는 것도 좋은 방법이다. 아니면, 찢은 닭고기를 와사비즈케●와 함께 가져다주면서 "이거 오차즈케●●로 드셔도 정말 맛있습니

● わさび漬け, 고추냉이의 잎과 뿌리를 잘게 썰어서 술지게미에 절인 것: 옮긴이 주

●● お茶漬け, 밥에 녹차를 부은 음식: 옮긴이 주

사업 성공의 실마리는 늘 근처에 있다

다. 재료는 있으니 원하시면 말씀해주세요!"라고 권하는 것도 괜찮을 것 같다.

팔다 남은 생선회로는 아히요(올리브유에 마늘과 해산물을 넣고 볶아서 만드는 스페인 요리)라는 매력 넘치는 요리를 만들 수 있다. 풍미를 더하고 싶으면 볶을 때 버섯과 밤을 넣으면 된다. 다만, 밤은 좀 비싼 편이니 고구마를 넣는 것도 좋은 방법이다. 고구마는 에도*에서 13리 떨어진 가오-고에(川越) 지역의 특산물인데, 예로부터 '밤보다 맛있는 13리(9리에 4리를 더해야 13리라는 우스갯소리)**'로 불려왔다. 손님에게 "고구마는 13리라고도 하는데 왜인지 아시나요?"라며 말문을 열 수 있으니, 남은 음식도 활용하고 손님과 가까워질 기회도 만들 수 있어 일거양득이다. 참고로 이런 이야깃거리는 어떤 것이든 좋으니 평소에 책과 만화책을 많이 봐둘 필요가 있다.

● 江戶, 도쿄의 옛 이름: 옮긴이 주
●● '밤'을 의미하는 일본어인 '쿠리(栗)'는 '아홉 리'를 의미하는 '쿠리(九里)'와 발음이 같아서 생겨난 표현임: 옮긴이 주

대형 음식 체인점에서는 신입직원과 아르바이트생이 만들다 망친 계란말이며 잘못 자른 생선회는 절대로 손님에게 내놓지 않지만, 우리 가게 같은 이자카야에서는 "모양이 안 예쁘니 200엔만 주세요!"라고 얼마든지 재치 있게 이야기할 수 있다. 오래전에 독립한 녀석이 운영하는 가게에서도 "아르바이트생이 생선회를 예쁘게 자를 수 있게 될 때까지 다진 전갱이를 300엔에 드리겠습니다."라고 하면서 잘못 자른 생선회를 다져서라도 내놨다. 대형 음식점에서는 팔지 못할 수준의 음식이라도 해도 규모가 작은 가게에서는 완성도가 높아질 때까지 기다리기보다는 어떻게 하면 팔 수 있을지를 고민해야만 한다. 여기서 기억해둘 점은 단순히 싸게 파는 것이 전부가 아니고 손님들을 조금이라도 재밌게 해줄 수 있는 방식으로 문제를 해결할 수 있어야 좋다는 것이다.

파는 것은
마음먹기에 달렸다

　물건을 파는 가게는 문을 닫기 직전까지 그곳만의 매력을 손님에게 충분히 어필할 수 있다. 다만 대부분 이런 기회를 잘 살리지 못하고 있다.

　우리 가게 직원 하나가 여름에 세모나게 자른 수박을 꼬치에 끼워 '수박 부채'라는 이름으로 판매한 적이 있었다. 이런 모양으로 만들면 손님들이 좋아하지 않겠냐면서 나름 정성 들여 준비했다. 하지만 아쉽게도 생각만큼 잘 팔리지 않았다.

　열심히 연구해서 '수박 부채'라는 신메뉴를 창안해낸 것

자체는 분명 훌륭한 일이다. 하지만 만든 것을 전부 다 팔려고 최선을 다해야 그 의미가 배가된다.

음식은 팔려고 마음먹으면 얼마든지 다 팔 수 있다. 예를 들어 수박 부채가 5개 정도 남았다면 "마지막까지 자리를 지켜주신 분들께 오늘만 특별히 서비스로 드리겠습니다!"라고 말하고 나눠주면 된다. 그러면 손님들은 재밌는 가게라는 느낌을 받고 다음에 또 방문하게 될 수도 있다.

손님 수보다 남은 개수가 적은 경우는 "가위바위보를 해서 이긴 분께 서비스로 드리겠습니다!"라고 제안하면 분위기를 한층 달아오르게 할 수도 있다. 수박 부채는 그날 다 못 팔면 상품 가치가 급격히 떨어질 수밖에 없다. 이처럼 반드시 그날 다 팔아야 하는 메뉴일수록 완판에 각별히 신경 써야 한다.

남의 가게에서 일하는 사람들은 매상이 안 좋아도 어쨌든 월급은 받는다. 그러니 단 60~70%만 팔아도 만족한다. 하지만 독립해서 자기 가게를 운영하는 아이들은 준비한 것을 다 팔아야 안정적으로 사업을 꾸려나갈 수 있다.

가게를 안정적으로 운영해가고 싶다면 많이 팔고 싶은 메뉴가 무엇인지부터 확실히 정해야 한다. 메뉴의 가짓수가 많으면 안 된다.

내게 컨설팅을 받는 한 가게는 한때 디저트를 6, 7가지나 취급했지만 전부 다 팔지는 못했다. 그래서 나는 하루에 한 가지 메뉴만 확실히 파는 쪽으로 방향을 선회하면 심리적으로 부담도 덜할뿐더러 완판 가능성도 그만큼 높아질 거라고 조언했다.

예를 들어, 가슴에 다는 명찰 아래쪽에 그날 팔고 싶은 디저트 이름을 적어 넣는 것도 좋은 방법이다. '쫀득쫀득한 푸딩!'이라고 적고 "이거 너무너무 맛있어요!"라고 강력히 추천하면 술을 마신 뒤에 후식으로 주문할 가능성이 그만큼 높아질 것이다. 2명이 와서 푸딩을 한 개만 시켜도 객단가는 250엔, 300엔 정도 늘어난다. 손님에게 직접 추천하느냐 안 하느냐에 따라 그 결과는 천양지차다.

이는 물론 음식점에만 해당하는 이야기는 아니다. 완판의 중요성을 잘 모르는 사람들이 우리 주변에 참 많은 것 같다. 채소 가게가 문을 닫을 때쯤 가보면 가지 한두 바구니, 무 한두 개 정도는 남아있는 경우가 많다. 끝내 다 못 팔 것 같으면, 다음날 팔려고 하기보다는 가게 앞을 지나가는 아주머니한테 "이거 팔다 남은 건데 가져가지 않으실래요?" 하고 권하는 것이 훨씬 더 현명한 처사라고 생각한다. 그날 들여온 것을 그날 다 정리하는 모습을 보여주면 '항상 갓 들여온 신선한 채소만 취급하는 가게'라는 좋은 인상을 손님들에게 남겨줄 수 있기 때문이다.

아이디어가 있으면
반드시 하나하나 실행해보아야 한다

조금 오래전의 일이다. 한국에는 경험이 전무한 사람이 이자카야를 운영하면서 좌충우돌하는 모습을 담아낸 예능 프로그램이 있는 모양이었다. 그 때문에 가게 운영과 관련한 이런저런 조언을 얻으러 한국 연예인이 우리 가게에 방문한 적이 있다. 한국에서는 정년 전에 회사를 나와서 음식점을 차리는 사람들이 꽤 많은 듯하다. 그래서인지 내가 앞서서 펴낸 책의 한국어판도 많이 팔린 편이었다.

가게를 찾아온 사람은 젊은 남자였다. 내게 "무슨 요리를 취급하면 좋을까요?"라고 물어서 "무슨 요리를 제일 좋아하세요?"하고 역으로 물었다. 카레라이스를 제일 좋아한다고 해서 이번에는 "어디서 누가 만든 카레가 제일 맛있나요?"라고 물으니 어머니가 해주신 것을 가장 좋아한다고 했다. 그래서 나는 '그렇다면 어머니에게서 카레 만드는 방법을 제대로 배워보는 게 어떻겠냐'고 제안했다. "제가 이 세상에서 제일 좋아하는 카레입니다."라고 훤칠한 인물이 손님들에게 소개하면 꽤 잘 팔리지 않겠냐고 말이다.

어디까지나 예능 프로그램일 뿐이었지만, 이는 '프로'가 운영하는 이자카야에서도 여전히 유효한 사고방식이다.

우리 가게 같은 이자카야는 메뉴 하나를 완성하기 위해 몇 년간 수련해야 하는 곳은 아니니 난이도 높은 음식보다는 '엄마표 카레' 같은 친근한 음식이 손님을 즐겁게 해주는 데 훨씬 도움이 된다. 가쿠니●와 어묵은 가게에서 늘 잘 팔리는 메뉴니 고기를 조린 국물이나 스프는 언제든 준비할

● 角煮, 돼지고기 삼겹살을 이용한 일본요리: 옮긴이 주

수 있다. 여기에 강황 가루와 채소를 넣고 '마카나이* 카레'를 만들어 놓으면 손님들은 그 향에 이끌려 한번쯤 맛보고 싶어 할 것이다. 아무래도 술 마신 뒤에 더 찾을 것이다. 이미 준비된 재료를 활용하면 되니 전혀 어려운 일이 아니다.

모두가 먹어 보고 싶어 하는 메뉴를 탄생시키는 데 필요한 아이디어는 이곳저곳에 널려 있다. TV 광고에 나오는 요리를 보고 착안하는 것도 좋은 방법이다. 수많은 사람이 영상을 보고 군침을 흘릴 수 있도록 기획하고 촬영한 결과물이기 때문이다. 신선한 가지가 집중 조명되는 가운데, 삼겹살과 된장을 넣고 김을 모락모락 피워내며 볶는 장면은 너무나도 매력적이다. 광고를 본 사람이라면 반드시 그 음식을 먹고 싶어 할테니 가게에서도 시각적인 효과를 충분히 활용해 볼 필요가 있다. 계절이 바뀔 때마다 광고 내용도 바

---

* 賄い, 식당에서 점원들이 먹을 수 있도록 준비해 놓은 음식으로 메뉴판에는 적혀있지 않음: 옮긴이 주

뀐다는 점을 활용해 그 흐름만 잘 따라가도 계절의 변화에 따라 일어나는 느낌을 손님들에게 충분히 선사할 수 있다.

나는 스스로 타고난 특별한 능력이라고는 아무것도 없다고 여기기 때문에 항상 주변을 잘 살피는 편이다. 둘러보면 '이거 좋네.'라고 감탄사를 연발할 만한 것들이 많다. 지하철 광고나, 백화점 지하 식품 코너의 홍보 문구는 '어떤 아이템이 손님의 관심을 끌지', '어떤 물건이 잘 팔릴지'에 대해 기업들이 엄청나게 많은 시간을 들여 연구한 결과물이다. 그런 것들을 참고자료로 이용할 수 있으니 고마운 일이다.

그렇게 얻은 아이디어를 바탕으로 조금만 더 연구하면 자신만의 메뉴를 탄생시킬 수 있다. 예를 들어 삼겹살과 가지가 등장하는 광고를 보고 나서는 '요리할 때 쓰는 이 된장에 오이를 찍어 먹으면 진짜 맛있을 것 같다'라든지 '우동을 곁들이면 방방지● 우동도 만들 수 있겠구나'라고 생각해보는 것이다. 인기 메뉴인 레몬 사와●●를 조금만 응용해도 완전히 다르면서도 재밌는 음료를 만들 수 있다. 레몬즙을 짜고 남은 껍질을 위스키를 탄 액체에 담가서 냉동실에 넣고 얼린다. 단단해진 레몬 껍질을 사와에 넣으면 얼음 대용으로 쓸 수 있고 녹아서 덤덤하게 만들지도 않는다. 손님에게 가져다줄 때는 "레몬 사와에서도 소리가 난다는 거, 혹시 아시나요?"라고 하면서 얼린 레몬 껍질로 유리잔을 탕탕하고 두드린 뒤에 잔에 넣는 것이다. 이렇게 하면 레몬 사와를 아무 말 없이 가져다주는 것보다 손님들이 훨씬 더 즐거워할 것이다.

우리 가게에서 독립한 아이가 떠나는 날 다른 아이들에게 이런 이야기를 했다. "모두들 아버지(가게 직원들은 모두 나를 이렇게 부른다)가 하시는 말씀을 잘 들어야 해. 윗사람이 현장을 모르고 하는 소리라고 여겨서는 안 돼."라고 말이다. 나는 자주 가게 직원들과 함께 술을 마시러 가곤 하는데, 그럴 때마다 나와 가급적 많은 대화를 나누고 내가 하는 말을 귀담아들으라고도 했다. "우리가 얼마든지 할 수 있는 것

- 棒棒鷄, 중국요리 중 하나로, 닭고기를 삶아 가늘게 찢은 뒤 그추장과 비슷한 향신료로 무친 음식: 옮긴이 주
- サワー, 신맛이 나는 유산균 음료: 옮긴이 주

만 말씀하시니까 이건 할 수 있고 저건 하지 말아야지 하는 식으로 선택하려 들지 말고 말씀하신 건 반드시 하도록 해. 너희들에게는 스스로 판단할 수 있는 능력이 없으니까." 그런데 실제로는 정반대다. 독립해서 자기 가게를 꾸려나가는 아이 중에는 '우리 가게에서 일할 때는 왜 저렇게 하지 않은 거지?'라는 생각이 들 정도로 손님들에게 엄청난 인기를 끄는 경우가 있다.

 매상이 줄거나 손님이 없으면 어떻게 하면 좋을지 망설이고만 있게 된다. 하지만 우리 가게의 경우에는 점장 회의를 통해 '이렇게 해보니 매상이 늘었다'라는 등의 성공사례를 함께 공유하고 있고, 이미 독립해 성공한 아이를 찾아가 자세히 물어볼 수도 있다. 꼭 이런 방법이 아니더라도 손님이 끊이지 않는 가게는 수도 없이 많으니 벤치마킹 차원에서 방문해 그 비결이 무엇일지 분석해 보는 것도 좋은 방법이다. 그리고 아이디어가 어느 정도 정리되면 그중에서 자신에게 맞는 게 무엇일까 하고 머릿속으로만 계산하지 말고 하나하나 직접 실행해 옮겨보면서 판단해 보는 것이 좋다.

 누군가의 성공 스토리는 그 자체로 보물이다. 하지만 구

새로운 것을 시도하지 못하고 망설이는 이유는 실패에 대한 두려움 때문일 것이다. 하지만 아무것도 해보지 않고 후회하기보다는 실패를 거듭해봐야 결과적으로 목적지에 더 빨리 도달할 수 있다.

슬이 서 말이라도 꿰어야 보배라지 않는가. 활용하지 않으면 아무 소용이 없다.

　새로운 것을 시도하지 못하고 망설이는 이유는 실패에 대한 두려움 때문일 것이다. 하지만 아무것도 해보지 않고 후회하기보다는 실패를 거듭해봐야 결과적으로 목적지에 더 빨리 도달할 수 있다.

　실패가 끝을 의미하는 것은 아니다. 실패를 통해 '이 방법은 내게 맞지 않았어.' 하고 나름대로 결론 내릴 수도 있고, '왜 그때는 성공했을까?', '어떻게 해야 성공할 수 있을까?'라고 이리저리 생각해볼 수도 있다. 이러한 노력이 하나둘씩 쌓이다 보면 언젠가는 목적지에 다다르게 될 것이다.

　손님이 점점 늘어나 눈코 뜰 새 없이 바빠지면 가게 주인은 자신감을 얻고 청소도 더욱 열심히 한다. 우리 가게 중 한 곳은 조명 갓이며 카운터에 늘어놓은 술병 하나하나를 매일 잘 닦아서 관리한다. 깔끔한 분위기에 매료된 손님들은 다시 방문한다. 이렇게 인기 있는 가게와 인기 없는 가게의 격차는 점점 벌어져간다.

사업 성공의 실마리는 늘 근처에 있다

늘 그 자리에 있는
정겨운 '동네 가게'로 자리매김하라

어릴 적 추억을 소환하는 정겨운 음식점들이 점차 사라져 가고 있다. 그중에서도 '동네 중국집'은 거의 멸종하다시피 했다. 주인아저씨와 아주머니가 직접 부추간볶음*이나 만두를 만들어주는 그런 평범하고 소박한 가게 말이다.

● 돼지 간과 부추를 넣고 볶은 중국 음식으로, 중국보다 일본에서 더욱 대중화되었음: 옮긴이 주

옛날에는 어느 동네에서든 쉽게 찾아볼 수 있었지만, 요즘에는 모두 다 자취를 감춰버렸다. 부추간볶음이 갑자기 생각나도 찾아갈 곳이 마땅치 않다. 참 아쉬운 일이다.

현관문에 노렌*이 드리워져 있는 열다섯 평 정도의 아담한 공간에서 탕수육, 만두, 부추간볶음을 맛있게 만들어서 팔면 좋을 것 같다. 이런 메뉴라면 우리 가게 아이들도 3년 안에 능숙하게 만들어낼 수 있다. 가게 위치는, 손님들이 언제든 편안한 차림으로 들를 수 있도록 주택가가 밀집한 아주 평범한 곳으로 잡으면 된다.

물론 단순히 '옛날 느낌'만 전달하기보다는 '재밌는 가게'로 자리매김할 필요가 있다. 예를 들어 '탕수육에는 와인이 은근히 잘 어울려요!'라든지 '중국요리에는 이런 종류의 사케가 딱입니다!'라는 식으로 평범한 중국집에서는 보지 못

- 暖簾, 상점 입구의 처마 끝에 드리우는 막으로, 우리말로 '포렴'이라고도 함: 옮긴이 주

했던 스타일로 주류를 추천하는 것도 좋은 방법이다. 요즘에는 다른 중국집들도 요리의 종류가 다양해져 와인과 사케를 취급하는 곳도 적지 않다. 심지어 샴페인까지 파는 곳도 있다. 하지만 단순히 '와인을 마실 수 있는 중국집', '사케를 주문할 수 있는 중국집'이라고만 해서는 별다른 재미가 없다. '허름한 동네 중국집인데도 와인을 마실 수 있다'는 사실을 부각해야 사람들의 흥미를 끌 수 있다. 이런 반전과 의외성이 흥행의 핵심 포인트다.

   새롭게 오픈한 가게는 머지않아 오래된 곳이 되어버리지만, '동네 중국집'은 이미 옛날 느낌이 물씬 풍기기 때문에 아무리 시간이 흘러도 견함없는 느낌을 줄 수 있다. 이는 비단 '중국집'에만 국한되는 이야기는 아니다. 푸근한 아저씨가 운영하는 이자카야처럼, 아주 오래전부터 같은 자리를 지켜온 '동네 가게'로 포지셔닝한 곳은 세월이 흘러도 늘 그대로인 것처럼 느껴진다. 새것을 추구하고 내세우는 곳보다는 동네 가게가 손님들에게 오래도록 변함없는 사랑을 받는 이유는 바로 이 때문이다.

실패하지 않는 동네 식당 만들기

어머니가
나에게 가르쳐주신 것

나는 어렸을 때 어묵의 일종인 치쿠와*를 싫어해서 전혀 입에 대지 않았다. 어묵에 뚫려 있는 구멍이 왠지 모르게 싫었다. 어머니는 그런 나를 보고 이렇게 말씀하셨다. "얘도 참. 그럼 구멍이 안 보이는 쪽으로 먹으면 되잖니."

● **チクワ**, 다진 어육을 대나무 같은 봉에 붙여서 굽거나 찐 가공식품으로, 구운 뒤 봉을 뽑아내면 가운데에 구멍이 생김: 옮긴이 주

어머니는 세상만사에 대해 나만의 관점을 가지고 생각하는 방법을 가르쳐주셨다.

초등학교 4, 5학년 시절에 있었던 일이다. 한 번은 어머니와 함께 도쿄 우에노(上野)에 있는 국립서양미술관에 가서 건물 앞에 있는 로댕의 조각상〈생각하는 사람〉을 바라보았다. 어머니는 이렇게 물으셨다. "다카시, 이 사람은 지금 뭘 하는 것 같니?" 나는 '이건〈생각하는 사람〉이야, 엄마."라고 교과서에서 배운 대로 아주 자신 있게 대답했다.

그러자 "이게〈생각하는 사람〉이라고? 사람이 뭔가 생각할 땐 이런 표정을 짓지 않는단다. 저 사람 얼굴을 잘 좀 보렴. 미간을 찌푸리고 있지? 그렇다면 생각하는 사람이 아니라 고민하는 사람이란다."라고 말씀하셨다.

말씀을 많이 하지는 않으셨지만 결국 '네가 스스로 판단해 보라'는 말씀을 하시려고 했던 것 같다. 이런 가르침은 내게 매우 가치 있는 자산이 되었다.

뻔하고 당연하게 여겨지는 대상일지라도 조금 다른 각도로 보면 지금까지 보지 못했던 것을 볼 수 있다. 아무것도 없는 백지상태에서 뭔가 새로운 것을 떠올리기는 어렵다. 하지만 이미 존재

하는 것에서 출발하면 비교적 손쉽게 새로운 아이디어를 낼 수 있고, 여기에 약간의 노력을 가미하면 손님의 마음을 사로잡을 참신한 아이템을 발굴할 수도 있다.

미야자키현(宮崎県)의 대표 음식 중에 '닭숯불구이'라는 게 있다. 닭고기를 불판에 올려 숯불로 구워 먹는 요리인데, 처음 보자마자 매료됐다.

나는 이자카야 최강의 메뉴가 야키토리●라고 생각한다. 술 한잔할 때 함께 먹고 싶은 음식으로 가장 먼저 머릿속에 떠오르는 메뉴이자, 닭고기 자체의 원가도 낮기 때문이다. 그렇기는 해도 닭고기를 한입 크기로 잘라 꼬치에 일일이 끼워서 구워내는 과정은 결코 만만한 일이 아니다. 그래서 닭숯불구이를 처음 봤을 때 이 정도면 조리하기 쉽고 불에 굽는 모습을 손님들에게 직접 보여줄 수 있으니 호응을 얻을 수도 있겠다 싶었다. 왠지 이것을 잘 응용하면 새로운 스

● 焼き鳥, 한입 크기로 자른 닭고기 몇 개를 꼬치에 꽂아서 구운 것: 옮긴이 주

타일의 야키토리 메뉴를 탄생시킬 수 있을 것 같기도 했다.

완전히 새로운 메뉴는 사람들의 시선을 쉽게 사로잡을 수 있지만 유행을 너무 심하게 탄다. 이와 반대로 어느 정도 검증된 메뉴는 평범해 보이기는 해도 꾸준히 팔려 나갈 수 있는 저력이 있다. 이런 까닭에, 이자카야에서 조금 비싼 편에 속하는 600엔대의 메뉴를 새롭게 내놓고 싶을 때는 전국 각지에서 유명한 요리를 적극적으로 참고한다. 분명 도움이 되기는 하지단 그렇다고 그대로 따라 하기만 해서는 오리지널 메뉴를 이길 수 없다.

그래서 나는 닭숯불구이를 베이스로 해서 뭔가 차별화할 만한 요소를 찾아 이리저리 머리를 굴려보았다. 그러다 아이디어 하나가 번쩍 떠올랐다. '그래, 미야자키현에서 본 닭숯불구이는 불판에 올려서 구웠지만 나는 프라이팬 같은 것에 올려놓고 위아래로 흔들면서 구워보자'라고 말이다. 불판을 흔들며 구우면 훨씬 더 생동감이 있을 것이다.

요즘에는 기성품도 있지만, 당시에는 프라이팬 모양의 불판을 구할 수가 없어 철물점에 별도로 의뢰해서 맞춤 제작했다. 그 뒤로 강도를 몇 차례에 걸쳐 개량했는데, 이제는 우리 가게 주방에 없으면 안 될 매우 중요한 도구가 되었다.

메뉴명도 기존에 잘 팔리는 음식의 이름을 조금만 응용하면 센스 있게 지을 수 있다.

우리 가게에서는 이따금 계란말이 메뉴에 유독 공을 들인다. 원가가 저렴한 데다 '술을 한 잔 걸치면 생각나곤 하는 메뉴'라서, 예컨대 소비세율 인상처럼 매상에 부정적인 영향을 줄 만한 상황이 발생하면 어려움을 타개하기 위한 수단으로 적극적으로 활용하고 있다.

하지만 단순히 '계란말이'라고 하면 손님들의 관심을 끌기 어려우니 '아줌마 계란말이'라는 이름을 붙였다. 그리고 인기 메뉴인 감자 샐러드와 돼지고기찜 요리는 각각 '엄마표 감자 샐러드'와 '아빠가 만든 돼지고기찜'이란 이름으로 주문을 받았다. 그 결과 만드는 사람의 온정과 정성이 담겨 있는 메뉴로 손님들 사이에서 인식되기 시작했다.

그 밖에도 '시타마치(下町) 나폴리탄●'이라는 아주 유명한 요리 이름을 응용해서 '쥬마치●●(中町) 그라탱'이라든지 '우에마치(上町)●●● 채소찜'이라는 메뉴명도 지어봤다. 이처럼 재밌게 이름을 지으면 손님 입장에서는 기억하기도 쉽고 지인들에게도 소개해주고 싶은 마음이 들게 된다. 손님들에게 오랫동안 사랑받고 싶다면 이처럼 소소하지만 입가에 미소가 번질 수 있게 할 만한 아이디어를 끊임없이 내고 실행하는 것이 중요하다.

- 일본식 파스타: 옮긴이 주
- • 시타마치下町는 일본어로 '서민 취향'이라는 뜻으로, 여기서는 언어 유희 차원에서 아래 하下 대신 가운데 중中을 쓴 것임: 옮긴이 주
- • • 마찬가지로 시타마치 下町의 아래 하下 대신 윗 상上을 쓴 것임: 옮긴이 주

실패하지 않는 동네 식당 만들기

버려지던 것도
인기상품으로 둔갑할 수 있다

　겨울의 한기가 채 가시지 않은 어느 이른 봄날, 아내와 함께 우리가 가게 중 한 곳에 들렀던 적이 있었다. 여자 손님 몇 명이 앉아 있는 카운터 쪽을 무심코 바라보고 있었는데, 점장이 "날씨가 아직 많이 춥죠? 이거 드시고 몸 좀 녹이세요."라고 하며 따끈따끈한 어묵탕 국물 떠서 그릇에 담았다.
　어묵탕을 담을 때 항상 사용하는 큼지막한 주황색 그릇이었다. 여자 손님들은 "네? 저희 아직 주문도 안 했는데…."라면서 놀란 표정을 지었다. 그랬더니 점장은 "괜찮아요, 식기 전에 어서 드세요."라고 대답했고, 손님들은 정말 맛있다

사업 성공의 실마리는 늘 근처에 있다

며 감탄사를 연발했다.

특별히 준비한 것도 아니고 가게에 이미 있는 것을 활용해서 손님을 이 정도로 기쁘게 해줄 수 있다니 정말 대단하다는 생각이 들었다. 통 크게 큼지막한 그릇에 담아서 대접한 것도 참 잘한 일이다. 손님은 당연히 감동할 수밖에 없다. 어묵탕 국물이 맛있으면 어묵도 한 번 주문해 보고 싶어질 것이다.

어묵과 국물을 잘 코이는 곳에다 놓고도 제대로 활용하지 못하는 점포도 있다. 언뜻 보면 별 것 아닌 것 같아도 실은 하늘과 땅 차이다.

내가 자문해주는 가나자와(金沢)의 한 바Bar에 방문했을 때 있었던 일이다. 그곳에서 만드는 과일 칵테일은 다양한 술을 섞어서 제조하는 과정이 재밌기도 하고 맛도 괜찮았다. 다만 진짜 과일을 넣지 않고 과일 향이 함유된 리큐어*를

● Liqueur, 정저 알코올에 설탕과 향료를 섞은 혼성주: 옮긴이 주

사용했다. 그래서 내가 생과일을 사용하면 좋겠다고 이야기했더니 가게 주인은 자기 나름대로 여러모로 고민하기 시작했다. 나중에 다시 가서 보니 생과일로 숏 드링크 칵테일●을 만들어 팔고 있었다.

그런데 유심히 살펴보니 칵테일을 유리잔에 따른 뒤 셰이커●●에 남아있는 건 모두 버리는 것이었다. 너무 아까워서 "도쿄에는 유리잔 밑에 그릇을 받쳐놓고 샴페인을 넘치게 따라 마시는 '넘실넘실 샴페인'이라는 게 있는데, 칵테일에도 한 번 응용해 보면 좋을 것 같다"라고 조언했다.

가게 주인은 그때는 웃는 얼굴로 이야기를 듣더니만 나중에 가서 보니 이번에도 이리저리 고민한 흔적이 엿보였다. 칵테일은 한껏 폼을 잡으며 마시는 음료라서 '넘치게 따른다'는 개념을 그대로 적용하기는 어려웠는지, 남은 것을 작

● Short drinks cocktail, 단시간에 마시는 적은 양의 칵테일: 옮긴이 주
●● Shaker, 여러 재료를 섞을 때 사용하는 도구: 옮긴이 주

사업 성공의 실마리는 늘 근처에 있다

은 유리잔에 담아서 별도로 제공했다. 꽤 그럴싸했는데, 손님들의 반응도 무척 좋아서 선보이자마자 한 달 동안 무려 760잔이나 팔았다고 한다. 새로운 도구를 구매한 것도 아니고 이미 손에 쥔 무기로 이렇게 매력적인 메뉴를 탄생시켰다는 게 참 놀라웠다.

바 주인과는 술안주에 관해서도 이야기를 나눴다. 주방에는 다양한 조리기구가 갖춰져 있어서 마음만 먹으면 난이도가 높은 요리도 얼마든지 만들어낼 수 있었다. 하지만 그러려면 재료를 창고에 가져다 놓는 것도 일이고 요리를 준비하는 것도 부담스러울 수밖에 없다.

신경 쓸 게 많은 1,000엔 대의 메뉴를 파느니 이보다 저렴하고 만들기도 쉬운 메뉴를 많이 파는 게 더 나을 것 같다고 조언했다. 예를 들어, 얇게 썬 레몬 위에 그래뉴당*을 흩

● Granulated sugar, 결이 고운 고순도 설탕으로 주로 제과용으로 사용됨: 옮긴이 주

뿌린 '레몬 카르파초*'라든지 두부에 암염(巖鹽)과 올리브유를 뿌린 '두부 카르파초' 같은 메뉴 말이다. 레몬을 써는 데는 1분도 채 걸리지 않는다.

두부에 뿌리는 올리브유만큼은 가격이 조금 나가고 품질 좋은 제품을 사용하는 것을 추천한다. 요리의 원가율에는 그다지 영향을 주지 않으면서도 효과는 만점이기 때문이다. 좋은 올리브유를 뿌린 음식을 손님에게 내놓을 때 "제가 큰 마음 먹고 산 오일입니다."라고 운을 떼고는 "더 뿌려드릴까요?" 하고 물어보는 것이다. 손님이 더 뿌려 달라고 하면 이를 계기로 조금 더 많은 대화를 나눌 수 있다. 메뉴를 설계할 때는 단순히 맛이나 만들 때 쏟는 정성에만 초점을 맞추지 말고, 손님과 소통하는 방법에 대해서까지도 종합적으로 고려해야 한다. 손님 한 사람 한 사람과의 교감이 중요한 이

● Carpaccio, 익히지 않은 쇠고기 · 사슴고기 · 연어 · 참치 등에 소스를 뿌려 먹는 이탈리아식 전채 요리: 옮긴이 주

사업 성공의 실마리는 늘 근처에 있다

자카야에서는 특히 그렇다.

바의 주인은 레몬에 민트를 얹어서 예쁘게 장식한다든지, 두부에 방울토마토를 곁들이는 식으로 자신만의 '카르파초'를 완성해서 신메뉴로 내놓았다. 두부에는 가나자와에서 생산되는 '이시루*'라는 어장**을 뿌린다. 이시루는 따뜻한 물에 타면 곧바로 우동 국물로 사용할 수 있을 정도로 맛깔스러운 어장이다. 지방색이 한껏 묻어나는 메뉴는 특히 관광객들에게 큰 호응을 얻을 수 있다. 가게 주인이 개발한 카르파초 시리즈도 꽤 인기가 좋다.

최근 방문했을 때에는 10시에 손님 50분이 오시기로 했다며 대화를 서둘러 일단락지어야 했을 정도로 절정의 인기를 누리고 있었다. 바에 손님이 끊이지 않는 모습은 좀처럼 보기 드문 풍경이라서, 가게를 나설 때 기분이 상하기는커

- いしる, '이시티'라고도 함: 옮긴이 주
- 魚醬, 생선을 소금에 절여 숙성시킨 후 걸러낸 즙: 옮긴이 주

녕 오히려 너무나도 기뻤다. 장사가 잘 되면 가게에서 일하는 사람들의 얼굴에도 자연스레 자신감이 피어오른다. 그리고 이러한 자신감은 더 많은 손님을 불러 모으는 원동력이 된다.

혼자서만 골똘히 생각하기보다는, 다른 가게에 가서 '괜찮은 아이디어'를 발견하고 그것을 조금씩 따라 해 보는 것이 좋다. 물론 자기만의 방식으로 변형해보기도 해야 한다. 머릿속으로만 상상의 나래를 펼치지 말고 즉시 현장에 적용해봐야 한다. 실제로 해보지 않으면 결코 내 것이 될 수 없을뿐더러 손님이 어떻게 반응할 것인지 또한 전혀 가늠할 수 없다.

우리 가게는 점포별로 점장이 자신의 재량으로 메뉴를 결정하게끔 했고, 정기적으로 모여서 인기 좋은 메뉴가 무엇인지 공유하고 있다. 한 점장 아이는 다른 점포에서 사오마이를 취급한다는 이야기를 듣고 큰 관심을 보였다. 다진 고기를 만두피에 예쁘게 싸서 만든 일반적인 사오마이를 그대로 따라 한 것은 아니고, 독창성을 추구해 오징어 사오마이처럼 잘게 썬 만두피를 다진 고기로 만든 볼에 촘촘히 붙인 형태였다.

그러고 나서 사오마이로 유명한 키요켄●의 발음을 빌려서 '후키요켄● 사오마이'라고 이름 붙였다. 손님에게는 "서투른 집이라서 만두피를 나풀거리게 붙였어요."라면서 친근하게 다가가는 것이다.

'후키요켄' 같은 언어 유희를 나는 무척 좋아한다. 이자카야 메뉴 이름으로 이렇게 재치 있는 표현을 사용하면 손님들도 피식하고 웃을 수 있고 이를 계기로 더 많은 대화를 이어나갈 수 있다. 그러다 보면 단골손님이 되기도 한다.

'후키요켄 사오마이'를 개발한 아이는 메뉴뿐만 아니라 접객 방법조차도 다른 가게에서 좋아 보였던 것을 적극적으로 도입했다. 오래전에 독립한 아이가 운영하는 가게에서는 손님이 집으로 돌아갈 때 단순히 "감사합니다."라고만 하

- 崎陽軒, 1908년 일본 요코하마 지역에서 문을 연 사오마이 전문점: 옮긴이 주
- 不器用軒, 器用는 일본어로 '재주'를 뜻하므로, 不器用軒은 '서트른 집' 정도로 풀이할 수 있음: 옮긴이 주

지 않고 "감사합니다. 다음 주에 또 뵙겠습니다."라고 인사한다. '후키요켄'을 개발한 아이는 그런 모습을 보고는, 손을 흔들 때 '다시 한번 와달라'는 의미를 표정과 손짓에 담아 인사했다. 그러면 손님들도 조만간에 가게에 다시 들르는 것으로 응답해주는 것 같다고 했다.

고개 숙이고 "이용해주셔서 감사합니다."라고 하는 흔한 인사보다는 다시 와주었으면 좋겠다는 소망을 담은 인사가 손님들에게도 훨씬 정감있게 느껴질 것이다. 손님이 많이 찾는 가게는 이처럼 사소해 보이는 행동 하나하나가 어우러져 만들어진 결정체다.

사업 성공의 실마리는 늘 근처에 있다

요리 잡지와 웹사이트는 최고의 '교과서'다

가게에 새로 들어온 아이들에게 할 줄 아는 요리를 한번 해보라고 하면 대개 자신이 어디선가 맛있게 먹은 음식을 흉내 내려고 한다. 하지만 전문가가 아니라서 똑같이 재현해내지 못할뿐더러 이리저리 시도만 하다가 끝내곤 한다. 프랑스 요리나 이탈리아 요리를 전문적으로 다루는 셰프들은 손님들에게 특정 메뉴를 개발하게 된 배경이 무엇인지 잘 설명해준다. 예를 들어 "최근에 흔치 않은 향신료를 사용한 요리를 맛봤는데, 워낙 인상 깊어서 저희 가게 스타일로 한번 바꿔 봤어요."라는 식으로 말이다.

나는 《오렌지 페이지●》, 《레터스 클럽●●》처럼 주부 독자를 겨냥한 잡지들을 우리 가게 '교과서'라고 부른다. 이런 요리 잡지는 매월 또는 격주에 한 번씩 발간된다. 요리 전문가인 편집자는 방대한 자료 조사와 고심 끝에 독자들에게 가장 큰 관심을 끌 만한 제철 요리를 소개한다. 여성들의 마음을 사로잡을 레시피를 수십 가지 이상 소개하고 그릇에 정갈히 담아낸 모습도 보여준다. 게다가 조리 순서를 이해하기 쉽게 설명해놓기까지 했으니 이만큼 좋은 교과서도 없다.

이뿐만 아니라, 요즘에는 레시피를 소개하는 웹사이트도 아주 많고 심지어 이 정보들 대부분은 무료다. 예전에는 레시피를 얻으려면 책이나 잡지를 구입하거나 해당 요리를 취급하는 가게에 직접 가서 어깨너머로 살펴보는 수밖에 없었다. 심지어 유튜브에는 수만 가지 조리법이 동영상으로 올

● Orange Page, 생활·요리 잡지: 옮긴이 주
●● Lettuce Club, 요리 전문 잡지, 옮긴이 주

라와 있다. 아무래도 사진보다는 영상으로 보는 게 훨씬 맛깔스럽다. 계란말이 만드는 방법만 검색해도 수십 가지 이상의 결과물이 나온다. 요즘에는 인터넷으로 레시피를 참고하는 사람이 많으니, 인기 있는 메뉴가 올라오면 TV 광고처럼 순식간에 수많은 사람을 군침 돌게 만들 게 분명하다.

요리 잡지나 레시피 사이트에 올라온 메뉴는 누구든 집에서 만들어 먹을 수 있으니 꼭 음식점에 가서 먹을 필요가 없다고 생각하는 사람도 있을 것이다. 하지만 아무리 간단한 요리일지라도 집에서 직접 만들어 먹는 사람은 의외로 그리 많지 않다. 우리 가게에서도 취급하는 요리 중에 만들기 쉬운 것은 손님들에게 레시피를 알려준다. 그런데 손님들은 그 순간 좋아하기는 해도 직접 만들어 먹지는 않고 먹고 싶을 때 가게를 다시 찾아온다.

식재료도 비싸고 고급스러운 것보다는 저렴한 것을 사용해야 이자카야 손님들을 더욱 즐겁게 해줄 수 있다. 예를 들어 한 상자에 수백 엔씩이나 하는 고급 멸치를 사용하면 "이거, 진짜 맛있는 거래요." 하고 손님들에게 말을 걸 수 있는 계기를 마련할 수는 있어도, 아무래도 원가를 생각하면

찔끔찔끔 사용할 수밖에 없다. 하지만 저렴한 멸치를 사용하면 요리에 왕창 집어넣을 수 있으니 손님들을 시각적으로도 만족시킬 수 있다.

우리 가게에서는 '요리 실력 200% 향상!'이라는 표어를 내걸었다. 고급 요리나 난이도 높은 요리에 도전하겠다는 뜻은 아니다. 단순한 고로케라도 엄청나게 맛있게 만들어낼 수 있도록 해 손님들에게 인기를 끌자는 의미다.

예전에 이자카야 평론가인 오타 가즈히코(太田和彦) 선생과 한 좌담회에서 대화를 나눈 적이 있었다. 그는 나처럼 장사하는 사람들에게 큰 도움이 될 만한 사례들을 소개해주었다.

그중에서도 손님들이 볼 수 있는 위치에 육수가 담긴 냄비를 가져다 놓은 두부전골● 가게 이야기가 인상 깊었다. 주문이 들어오면 두부를 넣고 육수를 끓인 뒤, 가라앉아 있

● 두부를 사용한 일본식 냄비 요리: 옮긴이 주

던 두부가 수면 위로 올라오면 바로 건져서 먹기 좋게 자르고, 그 위에 가다랑어포, 파, 생강을 얹어 "자, 여기 있습니다." 하고 손님에게 건넸다고 한다. 만들기가 그다지 어렵지 않지만 만드는 과정이 손님들에게는 재밌게 느껴질 만한 요리다. 이야기만 들었을 뿐인데도 따뜻한 가게 풍경이 눈앞에 생생히 떠오르는 듯했다.

두부전골이 특히 매력적인 이유는 마음만 먹으면 오늘부터 당장 따라 해 볼 수 있기 때문이다. 아무리 간단한 요리라고 해도 손님들에게 받아들여지기까지는 어느 정도 시간이 필요한 게 일반적이지만, 두부전골은 어느 정도 입증됐으니 좋은 아이템인 것은 분명하다.

많은 사람이 어떤 요리를 내놓아야 손님들에게 충분히 어필할 수 있을지를 고민하다가 가격이 비싼 재료를 선택하기 일쑤다. 하지만 두부전골만 하더라도 오타 선생이 말해준 가게처럼만 하면 비싼 두부를 사용하지 않아도 손님들에게 얼마든지 높은 점수를 받을 수 있다. 같은 동네에 있는 두부 가게에서 사 와서 "저 길모퉁이에 있는 두부 가게에서 사 온 거예요."라고 이야기하면 식재료가 가지고 있는 개성도 한껏 부각할 수 있다. 단순히 '전통 있는 가게에서 좋은 물로 만든 두부'라고 밋밋하게 소개하는 것보다는 훨씬 더 효과적이다.

유행은
지나가는 바람일 뿐

요즘 들어 젊은 친구들과 메뉴에 대해 의논을 하다 보면 나와는 감각이 많이 다르다는 것을 느낀다. 젊은 사람일수록 자꾸만 뭔가 새로운 것을 시도해보려 하는 경향이 있는데, 내가 보기에 그렇게 해서는 손님의 마음을 확실히 사로잡을 수 없다.

물론, 요새 인기 있는 식재료나 요리를 몇 가지 정도 취급하는 것은 필요하다. 나 역시도 늘 세상의 변화를 주시하고 있고, 흐름을 놓치지 않기 위해 TV 프로그램과 잡지를 살펴보고 길을 가다가도 눈에 띄는 게 있으면 메모해두곤 한다. 하지만 요즘 유행하는 것들이 이자카야의 근간이 될 수는 없다. 유행은 언제 그랬냐는 듯 금방 사그라지게 마련인 까닭에서다.

우리 가게 점포 중에도, 점장이 요리하기를 무척 좋아해서 전통적인 이자카야 메뉴가 아닌 본인이 창작한 요리를 계속해서 선보이는 곳이 있다. 예를 들어, 요리를 새하얀 접시에 담아서 그 위에 멋진 특제소스를 뿌리는 식이다. 물론 그 나름대로 손님들을 즐겁게 해주고 있는 듯하지만, 아무래도 창작요리는 금방 물리게 마련이라 계속 유지하기 어렵다.

반면, 전통적인 이자카야 스타일의 요리를 고집하는 곳은 시선을 확 사로잡지는 못해도 손님들에게 편안한 분위기를 제공할 수 있다. 이자카야의 3대 메뉴는 어묵, 생선회 그리고 야키토리다. 특히 야키토리는, 깔끔하고 밝은 공간을 좋아하는 여자 손님들도 육교 밑 허름한 이자카야에서 먹어야 제맛이라고 할 정도로 매우 강력한 메뉴다.

따라서 요즘 인기 있는 메뉴를 하나라도 더 들여놓으려고 애쓰기보다는 전통 메뉴를 어떤 방식으로 제공하는 것이 좋을지를 고민하는 것이 손님 마음을 사로잡는 데 훨씬 효과가 있다.

한 요리연구가가 이런 말을 한 적이 있다. "진짜 갓있는 요리는 오징어를 찌고 체에 거르고 하면서 요란하게 만드는 음식이 아니라 길거리 포장마차에서 파는 이카야키* 같은 것이다." 나도 그 말에 100% 동의한다. '오늘 갑자기 먹고 싶네'라며 손님들이 머릿속에 떠올릴 만한 음식은 새로운 메뉴가 아니라 오래전부터 가게에서 취급하던 메뉴일 가능성이 크다.

젊은 사람들은 메뉴의 가짓수도 늘리고 싶어 한다. 하지만 종류를 늘리지 않고도 손님들에게 선택의 폭을 넓혀줄 방법은 얼마든지 있다. 예를 들어, 무즙을 낼 때 일반적인 강판과 거칠게 갈 수 있는 대나무 강판 두 종류를 준비해서 손님에게 선택하게 한다. 이렇게 하면서 자연스레 손님과 대화를 이어나갈 수도 있다.

● イカ焼き, 작게 자른 오징어를 밀가루와 함께 반죽하여 부침개처럼 얇게 구워낸 음식: 옮긴이 주

신지 호●에서 잡은 바지락은 구하기도 쉽고 맛도 좋아서, 이것으로 된장국을 만들어 손님들에게 서비스로 제공하곤 한다. 바지락에는 간에 좋은 성분이 함유되어 있어 술을 자주 마시는 손님들에게 어필하기에도 좋다. 그런데 영업을 시작하기 전에 식재료를 들이기 때문에 손님에게 대접할 때쯤이면 바지락 된장국이 아니라 바지락 된장조림이 되어 있을 수 있다. 그렇다고 가게 문을 연 뒤에야 재료를 준비하기 시작하면 적절한 시점에 제공할 수 없다. 그래서 생각해낸 것이, 가장 기본적인 육수만 준비해 두었다가 손님에게 가져다줄 때 된장을 풀고 잘게 썬 유자를 그 위에 살짝 얹는 방법이었다. 이렇게만 해도 손님들의 반응이 확연히 달라진다. 단순한 서비스 메뉴가 아니라, 또 오고 싶게 만들 정도로 기억나는 메뉴로 재탄생하는 것이다.

● 宍道湖, 일본 시마네 현에 위치한 호수로, 바닷물이 유입되어 다양한 수생 생물이 서식함: 옮긴이 주

'오늘 갑자기 먹고 싶네.'라며 손님들이 머릿속에 떠올릴 만한 음식은 새로운 메뉴가 아니라 오래전부터 가게에서 취급하던 메뉴일 가능성이 크다.

이자카야를 시작한 지 얼마 안 됐던 시절에 나는 손님들이 복잡한 요리보다 구운 피망이나 가지를 더 좋아한다는 사실을 깨닫고 무척 놀랐다. 손님들이 원하는 것은 바로 그런 것이다. 하지만 가지를 불에 굽는 데도 시간이 꽤 걸렸기 때문에 조금 더 간단한 방법은 없을지 여러모로 고민했고, 그 결과 가지에 미트소스를 곁들이는 쪽으로 방향을 선회했다. 가지를 뜨거운 기름에 살짝 넣었다 뺀 뒤 그 위에 미트소스를 뿌려놓으면, 손님이 왔을 때 전자레인지에 넣고 살짝 돌리기만 하면 된다. 나도 젊었을 때라, 그런 식으로 나만의 '간단 가지요리'를 완성하고 싶었다. 손님에게 타바스코 소스를 건네며 "이걸 뿌리면 어떻게 될까요?"라고 물은 뒤, 손님이 궁금하다는 표정을 지으면 살짝 웃으면서 "매콤해지지요."라고 한 마디를 보탰다. 이렇게 간단한 대화만으로도 손님들을 즐겁게 해줄 수 있다.

요즘 유행하는 요리를 취급하는 가게는 한두 번 정도 가고 나면 금세 질리게 마련이다. 어떤 요리가 갑자기 엄청난 인기를 얻고 그것을 취급하는 가게가 여기저기 우후죽순 생겨났다가 몇 년도 되지 않아 흔적도 없이 사라진 사례를 지난 50여 년간 수도 없이 보아왔다. 나는 "타바스코 소스를 뿌리면 당연히 매콤해지지요."와 같은 사소한 대화를 손님과 즐겁게 주고받으며 지난 수십 년간 흔들림 없이 가게를 운영해왔다. 이렇게 별로 대수롭지 않게 보이는 손님과의 교감이야말로 장수하는 가게를 만드는 비결이다.

가격 책정만 잘해도
얼마든지 손님의 마음을 사로잡을 수 있다

 이자카야를 오픈하려는 사람 중에 어떤 요리를 취급해야 할지는 잘 알면서도 주류에 대한 지식이 거의 없어서 나에게 조언을 구하는 이들이 있다. 이야기를 듣다 보면 '술을 별로 좋아하지 않는 사람이구나' 싶다.
 아무리 주류에 대해 아는 게 별로 없어도, 이자카야를 오픈하려고 마음먹은 사람들은 보통 자신이 좋아하는 술을 손님에게 어떻게 대접하면 좋을지 머릿속에 그려보는 것부터 시작한다. 소주, 사케, 와인 중에서 자신이 좋아하는 술을 중심으로 그에 어울리는 메뉴를 준비하는 것이 기본이다.

사업 성공의 실마리는 늘 근처에 있다

교토에서 이자카야를 운영하는 지인은 상당히 쾌활한 사람으로 항상 갈 때마다 여러 종류의 사케를 따라주면서 어떤 게 제일 맛이 좋은지 알려달라고 한다. 그런데 술병을 상온에 보관하고 있어 혹시 상하지 않을까 걱정됐다. "저렇게 두면 맛이 변하는 건 아닐까?" 하고 물었더니 "변하는 게 아니라 숙성돼서 맛이 더 좋아지는 거지."라면서 이렇게 마시는 것도 괜찮다고 했다. 오키나와 전통음식인 '토후요[*]'를 취급하니 사오싱주[**]와 맛이 비슷한 사케를 같이 팔면 더할 나위 없을 텐데, 동시에 너무 많은 종류를 다뤘다. 그렇지만 술을 제공하는 방식은 손님을 즐겁게만 해줄 수 있다면 어떻게 하든 상관없다.

그리고 겨냥하는 고객층이 여성인지 남성인지, 청년층인지 장년층인지 따라 취급해야 할 메뉴도 완전히 달라진

● 豆腐よう, 두부에 빨간 누룩을 넣고 발효시켜 만든 음식: 옮긴이 주
●● 紹興酒, 찹쌀을 누룩으로 발효시켜 만드는 중국의 대표적인 술: 옮긴이 주

다. 예를 들어, 어떤 손님을 대상으로 하느냐에 따라 병당 1,980엔짜리 와인을 주력으로 삼을지 아니면 2,980엔짜리로 할지 결과가 달라진다. 그리고 음식의 가격과도 어느 정도 균형이 맞아야 한다. 300엔짜리 냉두부를 파는 곳에서 2,980엔짜리 와인을 팔 수 없지 않은가. 이렇게 전체적인 이미지를 명확하게 떠올려보지 않으면 어떤 종류의 술을 취급해야 할지 제대로 판단하기 어렵다.

장사를 하고 싶은 사람이라면 누구나 흉내 내고 싶은 가게가 몇 곳 정도는 있을 것이다. 사업을 처음 시작하는 사람이라면 반드시 자신이 이상적인 곳이라고 생각할 만한 가게를 눈여겨 봐둘 필요가 있다. 주류든 요리든 인테리어든, 모델로 삼을 만한 가게를 출발점 삼아 한두 가지씩 특징을 추가해나가는 것이 맨땅에서 시작하는 것보다는 훨씬 낫다.

한 가지 덧붙이고 싶은 이야기가 있다. **음식값과 달리 주류 가격은 손님들이 다른 가게와 쉽게 비교해볼 수 있다는 점이다.** 달리 말하면, 주류 가격을 매기는 방식으로 충분히 차별화할 수 있다는 뜻이다. 따라서 평소에 주변 가게의 가격 동향을 잘 살펴보면서 전략을 수립해야 한다.

내가 교도(経堂) 지역에 처음으로 이자카야를 열었던 당시에는 돈이 없어서 입구에 장지문을 달았다. 비가 오면 문풍지가 흠뻑 젖어 못 쓰게 돼버리니, 툭하면 다 뜯어내고 새 종이를 발라야 했다. 이왕 자주 교체하는 바에야 뭔가 색다른 게 좋겠다 싶어서 문풍지에다가 재밌는 문구를 써놓곤 했다.

다섯 평박에 안 되는 아주 협소한 가게였던 터라 처음에는 '교도 지역에서 제일 작은 가게입니다'라고 적었고, 문풍지를 갈면 여기에 조금 더 보태서 '교도 지역에서 제일 작은 가게이지만 제일 재밌는 가게이기도 합니다'라고 적었다. 자꾸 하다 보니 나중에는 통이 커져서 '다섯 평짜리 작은 공간이지만 이래 봬도 일본에서 제일 재밌는 가게입니다'라고 적기도 했다. 그리고 그 옆에다가는 고기감자조림을 홍보하려고 '최고급 호텔에서 파는 고기스튜여 안녕.'이라고 조그맣게 적어두기도 했다. 이를 본 손님들은 진짜 그런지 궁금하다는 표정으로 가게에 들어오곤 했다.

그런데 손님이 많이 찾는 가게가 된 계기는 병 크기와 관계없이 맥주 가격이 모두 똑같다고 장지문에 적어두면서부터다. 가장 큰 병과 가장 작은 병의 가격이 같다고 하니 손님들은 '뭐라고? 정말이야?' 하고 놀라면서, 주변 가게와 시세를 비교해보고 저렴한 게 사실이니 호기심을 가지고 와본 게 아닐까 한다.

한번은 아내와 야키니쿠 집에 간 적이 있다. 고급 와규●를 취급하는 곳이었는데, 물론 맛은 있었지만 가격이 엄청 비쌌다. 고기만 그런 게 아니었다. 맥주도 한 잔에 무려 700엔이나 했다.

그런데 만약 '이런 고급 음식점에서 맥주 가격이 이것밖에 안 돼?'라고 손님들이 의아해할 정도로 저렴하게 팔았다면 어땠을까? 아마도 손님들에게는 그 가게를 한 번 더 찾게 되는 매력 포인트가 되었을 것이다. 맥주를 저렴하게 판다고 해서 손님들이 맥주로 배를 채우고 고기는 덜 먹지는 않을 것이기 때문에, 매상이 줄어들 걱정은 할 필요 없다. 오히려

● 和牛. 일본 재래종과 외국종을 교배하여 개량한 소를 의미함: 옮긴이 주

맥주가 저렴하면 고기를 더 많이 주문할지도 모른다. 이처럼 맥주 가격만 잘 책정해도 손님들의 관심을 확 잡아끌 수 있다.

소비세율 인상보다 두려운 건
손님의 실망한 얼굴이다

지난 수십 년 동안 소비세율은 계속해서 인상되어 왔다. 그럴 때마다 사람들은 '행여나 소비가 위축되는 것은 아닐까?', '외식비를 줄이지는 않을까?' 하고 우려스러운 목소리를 냈다. 하지만, 매력 충만한 가게는 그런 걱정을 전혀 할 필요가 없다. 주류세가 인상됐을 때에도 다들 정색하며 온갖 불만을 쏟아냈지만, 하소연할 시간에 차라리 하나라도 더 파는 방법을 모색하는 것이 훨씬 더 바람직하다.

1989년에 소비세가 처음 도입된 이후 나는 몇 차례나 이러한 '소비세 공포'를 경험해왔다. 하지만 세율이 인상됐다는 이유로 손님의 발길이 뚝 끊겼다든지 하는 경험은 단 한 번도 해보지 못했다. 매출이 급격히 줄었다거나 그래서 특별한 조치를 취해야만 했던 기억은 전혀 없다.

세율이 인상돼서 매상이 줄어들지는 않을까 염려되면, 걱정만 하고 있지 말고 어떻게 해야 한 잔이라도 더 팔아서 매상을 끌어올릴 수 있을지를 고민하는 것이 더 낫다. 술을 한 잔만 더 팔아도 객단가는 확연히 달라지기 때문이다. 예를 들어, 여자 손님이 두 번째 잔을 비울 때쯤 "이거 한번 마셔보세요."라고 하면서 작은 유리잔에 빛깔 좋고 살짝 달착지근한 과일주를 건네는 것이다. 손님이 "와, 정말 맛있네요." 하고 긍정적으로 반응할 경우 "여기에 소다를 좀 섞으면 더 맛있어요!"라고 추천하면 즉석에서 소다 칵테일 주문을 받을 가능성이 크다.

우리 가게는 3명 기준으로 객단가 1만 엔 선을 유지하는 것을 목표로 메뉴를 설계해왔다. 따라서 소비세율이 8%로 인상됐을 때에는 요리의 가격은 올리지 않고 원가를 더 낮추려고 재료를 철저히 재검토했다. 손님이 지불하는 금액은 동일하게 유지하면서도 이익률이 떨어지지 않게 하려는 조치였다.

예를 들어, 양배추나 파 같은 녹색 야채류는 계절과 날씨에 따라 가격 변동이 심하지만 감자나 양파의 가격은 대체로 고정적인 편이다. 돼지 삼겹살, 닭고기, 다진 고기도 늘 가격이 저렴한 편인 데다 손님들이 선호하는 음식을 만들기에도 좋은 매력적인 식재료다.

특히, 다진 고기로 만든 햄버그스테이크는 가성비가 아주 좋은 메뉴다. 가정에서도 얼마든지 만들어 먹을 수 있는 요리라서 그만큼 손님들에게 친근하게 다가갈 수 있다. 햄버그스테이크를 정말 잘 만든다는 평을 들으면 웬만한 고급 요리를 시도하는 것보다는 훨씬 쉽게 손님을 불러 모을 수 있다.

그렇다고 소비세율 인상이 임박해서 메뉴를 갑작스레 변경하는 것은 가급적 피하려 한다. 원가율이 대체로 낮은 편이라 영향을 덜 받기 때문이기도 하지만, 손님들을 혼란스럽게 하고 싶지 않은 이유도 있다. 그리고 원가율이 다소 높더라도 없어서는 안 될 간판 메뉴는 그대로 유지한다.

손님이 "이 가게의 버섯 꼬치가 얼마나 맛있다고!"라며 기

사업 성공의 실마리는 늘 근처에 있다

껏 친구를 데려왔는데 그 메뉴는 단가가 맞지 않아서 이제는 만들지 않는다고 하면 실망할 뿐만 아니라 본인 입장도 난처해진다. 그런 간판 메뉴는 계속 만들다 보면 맛이 더 좋아지기도 하고, 손님에게도 "어때요? 예전보다 더 맛깔스러워졌죠?"라며 어필할 수도 있다.

나는 한 음식 체인점에서 파는 닭고기 채소 안카케[•]를 즐겨 먹는다. 채소의 빛깔뿐만 아니라 식감 또한 무척이나 좋다. 그런데 다른 매장에 가서 먹었을 때는 맛은 물론이고 빛깔이며 식감까지 모든 게 엉터리여서 크게 실망한 적이 있다.

맛있게 먹은 기억 덕분에 다시 찾아간 곳이라면 기대 수준은 매우 높을 수밖에 없다. 난이도 높은 요리를 만들 필요는 없지만, 손님에게 '맛있다'는 평을 꾸준히 들을 수 있어야 그만큼 단골손님도 늘어나는 법이다.

● 餡掛け, 녹말로 걸쭉하게 만든 소스를 얹은 요리를 말하며 대표적으로 안카케 우동, 간카케 스파게티 등이 있음: 옮긴이 주

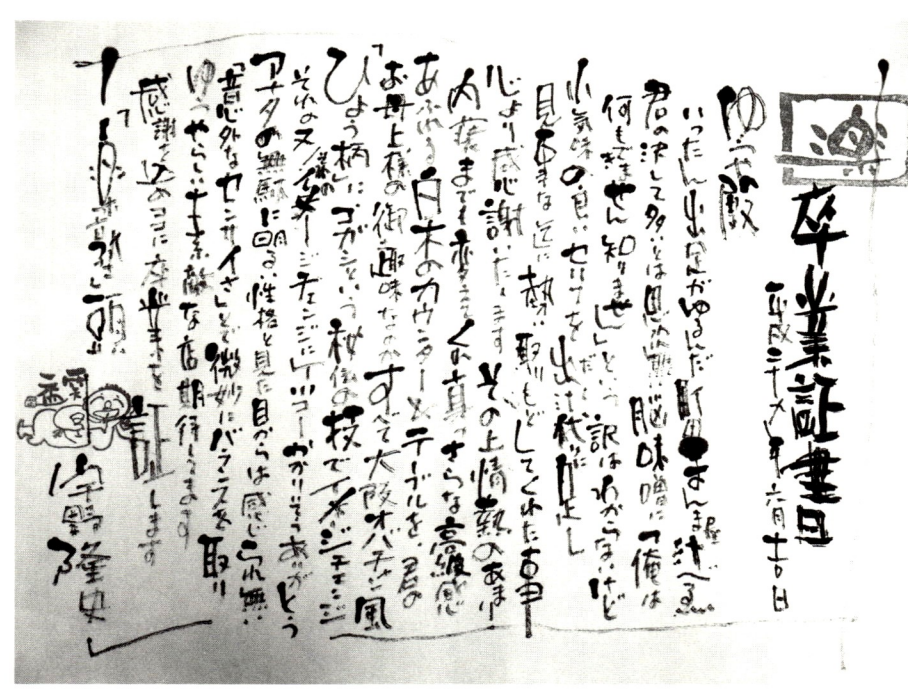

❖ 라쿠 코퍼레이션에서는 '졸업'하는 직원 한 사람 한 사람에게 손 글씨로 쓴 졸업 증서(사진)를 수여한다. 졸업증서를 받을 사람이 함께하는 동안 어떤 '활동'을 했었는지 기억을 더듬으며 단숨에 써 내려간다.

요리뿐만 아니라 서비스도 마찬가지다. 서비스가 단족스러워 다시 방문한 손님은 예전과 달라진 게 없거나 그 이상의 서비스를 받지 못하면 어딘지 모르게 실망할 수밖에 없다. 평소에 손님이 활짝 웃는 모습을 상상하며 음식이며 서비스를 준비했다면 실전에서도 전혀 어려울 게 없다. 내가 보기에는 그렇다.

언제까지나 즐겁게 장사할 수 있기를

우리 가게 직원들은 나를 아버지 내지는 아빠라고 부르고, 아내를 엄마라고 부르며 아주 잘 따른다. 아내는 직원 모두를 가족처럼 소중히 여긴다. 아내와의 대화를 통해 지금까지 우리가 걸어온 길을 잠시나마 돌아봤다.

[나]•

요즘 사람들은 60세에 정년 퇴직을 하고 나서도 더 오래 건강

• 원문은 '아빠'이지만 저자와 아내의 대화이므로 '나'라고 옮겼습니다: 옮긴이 주

나가며

하게 살잖아. 대기업에 다니다가 나이가 차서 어쩔 수 없이 그만둔 친구들은 다들 삶이 너무 무료하대. 음식점 사장이야 정년이 따로 없으니 얼마나 좋아. 가게에서 일하는 하루하루가 무척 행복해.

[아내]•

하지만 당신과 처음 만났을 때만 하더라도 지금처럼 가게를 여러 개 운영하게 되리라고는 전혀 생각 못했어요. 어떻게 하다가 이렇게까지 성장할 수 있었을까 하고 곰곰이 되짚어 봤지만 여전히 잘 모르겠더라고요.

• 원문은 '엄마'이지만 저자와 아내의 대화이므로 '아내'라고 옮겼습니다: 옮긴이 주

[나]

점포가 늘어난 것도 놀라운 일이지만, 도쿄에서 야쓰가타케●로 이사했다가, 그곳에서 다시 캐나다로 이민을 떠나게 될 줄은 정말 꿈에도 몰랐거든. 도쿄에 사두었던 땅을 경제 호황기에 평당 400만 엔에 팔아버리고 야쓰가타케로 이사 가서 평당 6만 엔짜리 땅을 샀잖아. 아이들이 마음껏 뛰어놀며 자랐으면 해서 간 거였는데, 처음에는 가마쿠라●● 지역도 생각했었지. 야쓰가타케에서 살 때는 일주일에 절반은 도쿄에서 머물다가 나중에는 급행 기차를 타고 출퇴근했던 거 기억나? 땅값이 워낙 싸서 넓은 대지에다가 아주 큰 집을 짓고 살았는데, 가게에서 일하는 아이들도 일을 마치면 고속도로를 타고 쌩하고 날아와서 우리 집에서 놀곤 했지. 아무튼 지금까지 살면서 큼직큼직한 결정은

● 八ヶ岳, 일본 야마나시 현과 나가노 현 의 중간에 위치한 지역: 옮긴이 주
●● 鎌倉, 일본 가나가와 현에 위치한 도시: 옮긴이 주

나가며

항상 당신이 내렸던 것 같아.

[아내]

한번 결심한 것은 반드시 실행에 옮겨야만 직성이 풀리는 성격이잖아요. 야쓰가타케는 가끔 놀러 가던 지역이었는데, 온통 푸릇푸릇하고 산세도 좋아서 갈 때마다 마음에 쏙 들었어요. 당시 유치원생인 아이들 주변에서 초등학교 입시 이야기를 하도 해대는 통에 이건 정말 아니다 싶었죠. 더이상 도쿄에서 살고 싶지 않았어요. 밴쿠버는《그라비아》라는 여성 잡지를 보다가 알게 됐는데 너무나도 아름다워서 가족 여행을 떠나기로 다음먹고 간 거죠. 도착하고 이틀째 되는 날, 갑자기 '여긴 내가 살아야 할 동네'라는 생각이 뇌리를 스쳤어요. 그래서 한 달 후에 아이들을 데리고 아예 이민을 가버린 거예요.

[나]

나는 야쓰가타케의 큰 집이나 밴쿠버의 아름다운 동네에 사는 내 모습을 가게 아이들이 보고 언젠가 독립해서 제대로 자리 잡으면 자신도 그런 삶을 살 수 있으리라고 꿈꾸길 바랐어. 독립하고 나서 몇 년 안에 회사원보다 두세 배 많은 돈을 벌게 돼서 좋은 차도 끌고 좋은 집에서 사는 꿈 말이야. 이상적인 모습을 머릿속에 또렷하게 떠올릴 수 있을수록 좋아. 그래야 하루하루 최선을 다할 수 있으니까.

[아내]

지금 생각해보면 당신이 가장 열정적으로 일했던 곳은 결혼한 뒤에 시모기타자와에 오픈한 가게였던 것 같아요.

[나]

교도 지역에서 가게 두 군데를 운영하던 시절이었는데, '소자본으로도 창업 가능한 음식점'이라는 잡지 특집기사에도 실릴 정도로 당시 꽤 주목을 받았었지. 시모기타자와는 전처(前妻)와 함께 장사를 해본 적 있는 동네였는데, 평소 친분이 있던 혼다극

나가며

장● 그룹의 혼다 가즈오(本多一夫) 대표는 뭘 그리 고민하느냐며 어서 그 동네에 가게를 내라는 거야. 그래서 결국 초밥집을 연 건데, 교도에 있는 좋은 생선가게에서 싱싱한 해산물을 떼어왔기 때문에 재료 하나는 일단 자신이 있었거든. 긴자에 나가 엄청나게 좋아하는 초밥집이 있었는데 언젠가 나도 그런 가게를 해보고 싶기도 했고. 건물 바로 앞에 전처에게 양도한 이자카야가 위치했기 대문에 같은 업종을 택할 수도 없었어.

[아내]

실력 있는 주방장을 고용해서 야심 차게 시작했지만 열 달 동안 계속 적자였잖아요.

● 本多劇場, 1982년에 문을 연 극장으로, 시모기타자와가 오늘날 '연극의 거리'로 불리기까지 지대한 공헌을 했음: 옮긴이 주

[나]

그래, 맞아. 도저히 안 될 것 같아서 전처에게 "아무래도 나한테는 초밥집은 무리인가 봐. 정말 미안하지만, 이자카야로 바꿔도 될까?" 하고 물었더니, 처음부터 이자카야를 하지 그랬냐며 그렇게 하라고 하는거야. 일주일 동안 쉬고 나서, 아주 약간만 손보고 바로 영업을 시작했지.

[아내]

그랬더니 거짓말처럼 매일 가게 안이 앉을 틈 없이 북적였죠. 카운터 쪽에 열다섯 명 정도 앉을 수 있는 벤치가 있었고, 네 명씩 앉을 수 있는 테이블이 두 개 있었잖아요. 이것도 모자라서 대기 손님들이 앉아서 차례를 기다릴 수 있게끔 카운터 뒤쪽에 벤치를 가져다 놓았는데 그 자리도 매일 꽉 찼죠. 당신은 카운터 쪽을 정면으로 바라보지 못하고 비스듬히 앉아야 할 정도로 손님이 빽빽이 앉은 이자카야 내부 풍경을 좋아했는데, 우리 가게가 딱 그랬죠. 회전율이 무려 400%, 500%나 됐으니까요.

나가며

[나]

인테리어는 거의 손대지 않고 출입구에 있는 가림막만 바꿨을 뿐인데도 말이지. 그때까지 초밥을 만들던 주방장도 "초밥집보다 확실히 더 낫네요."라고 하며 감탄사를 연발했다니까(웃음). 내 생각에도 초밥집은 내 스타일이 아니었어. 이자카야로 돈을 벌어서 다른 사람의 초밥집에 돈을 쓰러 가는 게 낫겠다라고. 비록 초밥집으로는 성공하지 못했지만, 카운터 앞에 냉장 케이스를 놓고 그 안에서 생선살 한 덩이씩 꺼내 음식을 조리하는 우리 가게 스타일은 거기서 나왔지.

[아내]

당신은 가게 도면을 전부 혼자서 그리잖아요. 가구의 바 치라든지 높이가 아주 조금단 달라져도 손님이 받는 가게에 대한 인상은 완전히 달라지는 것 같더라고요. 당신이랑 이곳저곳에 먹으러 다니다 보면 손님의 입장을 충분히 헤아리지 않고 구조를 설계한 곳도 꽤 눈에 띄었어요. 예를 들어 어떤 가게는 카은터 뒤

쪽에 있는 주방 바닥 높이를 너무 높게 설계하는 바람에 앉아 있으면 직원들을 올려다봐야 해서 목이 엄청 뻐근하더라고요.

[나]

그중에는 꽤 큰 도움이 된 곳도 있었어. 야쓰가타케 지역의 산기슭에 고부치사와(小淵沢)라는 소도시가 있거든. 그곳에 있는 장어구이 집에 갔는데, 글쎄 굵직굵직한 대들보가 보이는 거야. 너무 멋있어서 우리 가게 내부를 새로 단장할 때 바로 반영했지. 그리고 가나자와에 있는 어느 가게에 갔다가 도쿄에서 온 젊은 여자 손님들이 "와, 다다미다. 장지문도 있네?"라고 왁자지껄 떠드는 걸 듣고는, '요즘 젊은 사람들은 다다미와 장지문을 보고 신기해하는구나' 싶었지. 그래서 당시 리모델링을 앞두고 있던 점포를 신발을 벗고 입장하는 방식으로 설계했어. 유행은 그때그때 바뀌지만, 당신과 함께 여러 가게를 돌아다니다 보면 확실히 뭔가 깨닫게 되는 게 있어. 당신이 여자 손님의 시선에서 바라봐주기 때문인가 봐.

나가며

[아내]

당신은 직원들을 참 잘 키워내는 것 같아요. 내가 호불호가 분명한 사람이라 그런지는 몰라도 아무리 가르쳐도 전혀 달라지지 않는 건 구제 불능이라고 여기고 아예 손을 놓아버리거든요. 그런데 당신은 단 한 번도 그런 적이 없었어요. 점포를 여러 개 운영하려면 사람을 많이 뽑아야 하고, 그러다 보면 항상 마음에 드는 아이들만 남게 되는 건 아니잖아요. 당신은 문제가 많은 아이를 어떻게 하면 일 잘하는 아이로 거듭나게 할 수 있을지 고민하는 과정이 재미있다고 했죠. 그리고 갈수록 조금씩 나아지는 모습이 보이면 그렇게 기쁠 수가 없다고도 했어요. 우리 가게에서 일하는 사람은 누구든 다른 사람으로 변모할 수 있죠. 시간이 꽤 걸리기도 하겠지만요. 아니, 바뀔 수 없는 사람은 가게를 결국 그만두게 되더라고요. 각 점포의 점장들도 엄청 까다롭잖아요. 다들 언젠가 자기 가게를 열겠다는 꿈을 품고 있으니 매사 진지하고 눈빛도 범상치 않아요. 독립한 아이들의 가게에 가보는 것도 우리 두 사람의 즐거움이죠.

[나]

당신이랑 함께 가면 다들 "엄마, 먼 걸음 해주셨네요!"라고 하면서 나보다 당신을 더 반가워하더구먼.

[아내]

당신이야 늘 아이들이 일을 제대로 하고 있는지 매의 눈으로 검사하는 사람이니까요. 하지만 나는 언제나 손님의 시선으로 바라보고 의견을 주니 당연히 좋아할 수밖에요(웃음).

[나]

당신은 지금 같이 일하는 아이들뿐만 아니라 예전에 함께 일했던 아이들과도 페이스북으로 계속 연락을 주고받고 있고 심지어 생일에는 잊지 않고 축하 메시지를 보내잖아.

[아내]

페이스북 친구로 등록돼 있거나 메일 주소를 알고 있는 사람들 모두에게 그렇게 하고 있어요. 누군가에게 '생일 축하해!'라는

나가며

말을 들으면 기분 좋잖아요. 몸은 하나라 모든 사람을 다 만나고 다니기는 어렵지만, 메시지만 제때 잘 보내도 내가 상대방을 잊지 않았다는 걸 쉽게 보여줄 수 있으니까요.

[나]

나와 당신이 지금까지 한마음 한뜻으로 최선을 다해왔기 때문에 우리 가게가 오늘날처럼 성장할 수 있었어. 우리가 앞으로도 늘 웃으면서 즐겁게 가게를 운영해 나가야 으리와 함께 일하는 아이들의 미래도 밝을 거라고 생각해.

2018년 4월 도쿄 자택에서

실패하지 않는 동네 식당 만들기

❖ '구이모노야 교도 본점' 앞에서. 좌측에 보이는 것은 창업 당시부터 사용하던 간판으로, 글씨는 우노 사장이 직접 썼다. '주효채우(酒肴菜友)'란 술(酒)과 안주(肴菜)와 친구(友)만 있으면 얼마든지 즐거운 시간을 보낼 수 있다는 뜻이다. 창업 초기, 가게 안에 더 이상 앉을 자리가 없을 때는 가게 현관 앞에 간판을 눕혀놓고 임시 벤치로 사용했다고 한다.

저자 소개

우노 다카시 (宇野隆史)
라쿠 코퍼레이션 사장

1944년 도쿄 출생. 와세다대학교를 중퇴한 후 요식업의 세계에 입문했다. 1978년, 라쿠 코퍼레이션(Raku Corporation)을 설립했고 도쿄 교도(経堂) 지역에서 다섯 평짜리 이자카야 '구이모노야 시루베에(くいものや汁べゑ)'와 '고쿠라쿠야(極楽屋)'를 열었다. 1981년에는 도쿄 시모기타자와(下北沢) 지역에 '구이모노야라쿠(くいものや楽)'를 개업하여 한 시대를 풍미하는 이자카야로 키워냈다. 개인회사였던 라쿠 코퍼레이션을 1983년에 주식회사로 변경하고 사장으로 취임했다. 직원 모두가 언젠가는 독립할 수 있게 하야 한다는 원칙을 고수했고, 그 결과 우노 사장의 품에서 떠나 음식점을 연 사람들이 수백 명에 달한다. 현재, 도쿄 수도권 내에서 십 수 개의 점포를 운영하며, 자신의 가게에서 일하다 독립한 사람들뿐만 아니라 일본 전역의 젊은 음식점 창업자들에게도 많은 영향을 주고 있다.

요식업계에 오랜 기간 공헌해온 점을 인정받아 외식산업기자협회로부터 '외식 어워드 2013' 10주년 특별상을 받았다. 그가 출간한 도서들은 모두 베스트셀러가 되어 직장을 그만두고 자영업에 뛰어든 수많은 사람의 호응을 얻었다. 인생의 모토는 '일소일바(一笑一盃)', 즉 한 번 웃을 일이 있거든 한 잔 마시자는 것이다. 그런 즐거운 시간을 보낼 수 있는 가게야말로 가장 이상적인 장소라고 생각한다. 아내는 과거 패션모델이었던 오카 히로미다.

실패하지 않는
동네 식당 만들기
매출 대박 가게를 만드는 비법

초판 발행 2022년 4월 28일
발행처 비즈니스랩
발행인 현호영
지은이 우노 다카시
옮긴이 박종성
편　집 황정란
디자인 임림
주소 서울시 마포구 월드컵로 1길 14, 딜라이트스퀘어 114호 | **팩스** 070.8224.4322
등록번호 제333-2015-000017호 | **이메일** uxreviewkorea@gmail.com

ISBN 979-11-92143-25-5

비즈니스랩은 유엑스리뷰의 경제경영 전문 단행본 브랜드입니다.

TATTA 3 PIN DE HANJOTEN WA DEKIRU!
written by Takashi Uno

Copyright © 2018 by Takashi Uno. All rights reserved.
Originally published in Japan by Nikkei Business Publications, Inc.
Korean translation rights arranged with Nikkei Business Publications, Inc.
through Korea Copyright Center Inc., Korea.

이 책은 (주)한국저작권센터(KCC)를 통한 저작권자와의 독점계약으로 유엑스리뷰에서 출간되었습니다. 저작권법에 의해 한국 내에서 보호를 받는 저작물이므로 무단전재와 복제를 금합니다.